中国経済と
ビジネスがわかる本

王 玉 著

大学教育出版

はじめに

　本書は 2016 年 4 月から 2017 年 3 月まで大東文化大学中国語学部において筆者が講義した「中国ビジネス基礎講座」の内容に中国最新の経済事情とビジネストレンドを付け加えて編集したものです。

　講義中に学生が興味を示してくれた部分、たとえば、アリババの話、加えてアリババが開発したスマホ決済、その使い方と仕組みです。また中国では若者でも参入できるビジネスとその流れ、越境 EC といった部分を書き直し、内容を増やしました。逆に、理論的なもの、理解しにくい部分、たとえば、国際貿易とその流れ、貿易の仕組みなどは今回省きました。

　ただ、中国経済とビジネスの話ですから、バランスのとれた形をする必要があります。中国経済の全般、改革開放当時の計画経済、社会的二元構造、社会主義市場経済への移行期にある国営企業の国有企業への変身、国有企業の位置づけ、中国における 3 種類の企業形態などは中国経済を話すとき避けては通れない部分です。中国経済の現状、経済改革の話、産業構造、IT 産業の勃興、巨大市場とその潜在的消費力の順でみて、最近はやっているシェアリングエコノミーを詳細にかつわかりやすい言葉で紹介しました。中国ビジネスをする際に中国人とのコミュニケーション、日本企業の成功話、私自身の中国におけるビジネス経歴も取り上げました。中国ビジネスの難しさとリスク、巨大市場とチャンスが共存している事実をみなさんに知ってもらいたい。これが本書の狙いです。

　また、本書を利用するにあたって、PPT、映像、そしてインターネットの同時使用をしたほうがヴィヴィッドな講義になると思います。リアルタイムで授業を進めると、学生との「互動」ができます。日本のことと中国のことを、経済から社会へ、考え方の違いからビジネスの在り方へ、「知己知彼」（彼を知り己を知れば百戦殆からず）、「不入虎穴焉得虎子」（虎穴に入らんば

虎児を得ず）といった諺からその意味の理解へ、そして若者がチャレンジ精神を引き起こすきっかけの一つになればありがたい。

　本書の出版に当たり大学教育出版の佐藤守氏から適切なご助言をいただきました。深くお礼を申し上げます。

2018年3月

中国経済とビジネスがわかる本

目　次

はじめに……………………………………………………………………… *i*

第1章 中国経済 ……………………………………………………… *1*
1. 中国経済の現状　*2*
2. 高度成長の減速　*7*
3. 世界経済における中国のプレゼンス　*8*
   （1）中国企業の海外進出　*9*
   （2）アジアインフラ投資銀行（AIIB）の発足　*12*
   （3）IMF出資比率の改革案　*14*
   （4）人民元（RMB）がIMFの特別引出権（SDR）バスケットに採用　*15*
4. 中国経済の課題　*16*

第2章 中国の経済改革 …………………………………………… *20*
1. 経済特区の設置　*22*
2. 加工貿易の促進　*24*
3. WTO加盟後の貿易　*25*
4. 人民元の国際化　*27*
   （1）人民元建て貿易決済の増加　*27*
   （2）2国間通貨スワップ協定の締結　*29*
   （3）クリアリング銀行の指定による人民元オフショア・センターの構築　*30*
   （4）人民元建てクロスボーダー債券の発行　*32*
5. サービス貿易の拡大　*34*
6. 中国観光客のアウトバウンド消費　*35*
7. 越境ECの勃興　*37*
8. 中国における越境ECをサポートするネットワーク　*40*

第3章 中国の産業 …………………………………………………… *43*
1. 産業政策の展開　*43*

（1）産業政策の調整期（1979〜1989）　*43*

　　（2）主導産業の育成（1990〜2000）　*44*

　　（3）WTO 加盟後の産業政策の行方（2001年以後——）　*45*

2. 産業構造の変化　*47*

　　（1）1990〜2015年の各次産業構造の変化　*48*

　　（2）1990〜2010年各次産業付加価値による GDP 成長への貢献度　*49*

　　（3）1990〜2010年の各次産業の雇用構造の変化　*50*

　　（4）製造業内の構造変化　*50*

　　（5）主要サービス業の構造変化　*53*

3. IT 産業の発展　*54*

　　アリババの事業展開の事例　*55*

4. 中国製造 2025　*59*

第4章　中国の企業　*61*

1. 国有企業　*61*

2. 外資企業　*64*

　　（1）中国を生産基地とみなす外資企業（1979〜2000）　*65*

　　（2）中国を市場とみなす外資企業（2001以後）　*66*

　　（3）日系企業の投資動向　*67*

3. 郷鎮企業　*68*

第5章　巨大な消費市場　*72*

1. 消費市場の巨大化　*72*

2. モバイル決済にもたらされる新しい消費スタイル　*74*

　　（1）滴滴出行（Dīdīchūxíng）の配車サービス　*75*

　　（2）自転車シェアリング　*77*

　　（3）シェアリングエコノミー　*80*

3. キャッシュレス化社会への進行　*85*

第6章　中国ビジネスのあり方 …………………………………… 88
　1．コミュニケーションのあり方　88
　2．中国ビジネス文化の特徴　90
　3．中国ビジネス成功のために　92

第7章　日本企業の中国進出 ……………………………………… 94
　1．中国で成功した日本企業　94
　　（1）相手の特性つかみ、隙間狙う　95
　　（2）徹底的な現地化を！　96
　　（3）日本企業の経営戦略の見直し　97
　2．これからの中国ビジネス　97
　　（1）孫正義と馬雲の「邂逅」　98
　　（2）楽天・百度の合弁解消の事例　98
　3．中国ビジネスのリスクとチャンス　100

注 ………………………………………………………………………… 104

参考文献 ………………………………………………………………… 107

中国経済とビジネスがわかる本

第1章

中国経済

　2017年10月18日から10月24日まで中国共産党第19回全国代表大会が開かれました。2020年まで「小康社会の全面的完成」に向けたGDP・所得倍増、農村貧困人口のゼロ化、「経済発展の新常態」[1]への適応が強調されています。

　「小康社会」とは「ややゆとりのある社会」という意味です。かつて周恩来総理が第3期全人代（1975年1月）で正式に提出した「4つの現代化」[2]と同じようなスローガンで、鄧小平氏が1979年12月6日の日に中国を公式訪問した当時の日本の首相である大平正芳に対し「4つの現代化は『小康之家』というような概念だ」と説明しました。つづいて1984年3月25日に訪中した当時の中曽根康弘首相に「今世紀末（20世紀末―筆者注）にGDPを2倍にする。一人あたりのGDPが800ドルに達する。これは中国式の現代化、小康社会だ」と明らかにしました。この小康社会は「第13次「五カ年計画」（2016〜2020年）」[3]に正式に確認され、「基本的に」実現すると習近平総書記が言い出しました。しかし、新しい目標は「全面的に」実現すると格上げされました。

　この「小康社会の全面的完成」は、まず経済の中高速成長を維持する必要があることを意味します。中高速成長といいますと、2016〜2020年の経済の年平均成長率は6.5％以上にしなければなりません。

1. 中国経済の現状

　中国経済の現状を見る場合、まず、中国の40年近く辿ってきた経済発展を概観したほうがわかりやすいでしょう。

　40年近く前の1978年末に経済改革・開放策[4]が打ち出されました。当時の中国経済は崩壊する寸前で、「開除球籍」（地球から除名）という言い方は、その表れでした。

　経済改革・開放策が打ち出されて2008年リーマンショックまでの30年間、中国は平均約10％近い成長率で成長してきました。その成長の原動力はといいますと、いくつかキーワードを並べてみることができます。1つ目は輸出貿易です。最初は加工貿易からスタートします。2つ目は外資を誘致すること。資金も技術もない中国は、それを有する外資系企業[5]を誘致するためには、優遇措置などを含める法律や法規を作り出します。外資系企業の力を利用して、ものを作って輸出してもらいます。3つ目は豊富でかつ安価な労働力を外資系企業に提供すること。これこそ外資系企業が中国に進出して求めるものです。

　しかし、この高い成長率の達成は容易なことではありませんでした。経済改革・開放の当時では、中国はもっぱら計画経済[6]時代でした。生産・分配・流通・財政・金融を国が統制し、経済を運営するシステムの下で、生産手段が公有化され、担い手は国営企業[7]でした。これはいわゆる社会主義計画経済でした。当時、市場という概念すらありませんでした。そこから、市場経済の概念を導入して、市場経済のやり方は外資系企業に任せることにしました。一気に全国で展開するのではなく、国営企業のあまりないところ、国際市場に近いところ、しかも海外とのつながりのあるところ、すなわち華僑・華人の出身地だったところを選んで経済改革・開放の実験区としました。これらの条件を満たしたのは後に選ばれた4つの経済特区[8]でした。

　国営企業や農村などで自発的に発展してきた「郷鎮企業」[9]などとの競争

のない状態下で外資系企業が大挙して経済特区に進出し大きく成長してきました。その外資系企業の経営や管理などを取り入れながら国営企業は改革し始めました。一方、「郷鎮企業」は計画経済の枠外で成長してきたので、最初から市場経済のやり方を採用していました。

　国営企業、外資系企業、郷鎮企業といった3種類の企業が併存するなか、二元経済[10]と二重価格体制を維持しながら、計画経済に市場経済の仕組みを徐々に導入し漸進的な改革が行われていました。二重価格体制とは、既存の製品が計画価格に基づいて供給、配分されますが、新たに生産された製品については、生産者が市場価格で販売し、定量（定価）による供給に満足しない消費者は自由市場で買います。そして、生産の拡大に伴い市場で取引される分が増えるにつれ、計画価格を逐次的に改革し、最終的には撤廃し、市場価格への収斂を実現することです。しかし、二重価格体制はなくなりましたが、二元経済はそのまま温存させています。二元経済は農村戸籍と都市戸籍の併存を認める経済構造で、経済の市場化に伴い、農村と都市の格差が縮小するどころか、さらに拡大しています。農村の安い労働力、農産物と原材料を「分配・流通」によって上流産業に提供され工業化と都市の現代化実現に大きな役割を果たしています。しかし、この農村の安い労働力は都市の現代化から成果を享受していません。身分はまだ農村戸籍のままです。したがって、この二元構造は、改革の「深水区」となっています。

　中国は計画経済に市場経済のメカニズムを導入し、国営企業に「放権譲利」[11]の導入によって国営企業を国有企業にする公有制という基本的な枠組が変わらない状況下で、経営管理メカニズムと利益配分メカニズムを改革し、経営決定権が中央政府から地方政府と国有企業に委ねられ、分権化した後、国有企業に株式制度を導入し現代企業制度の確立に向けて改革を行います。少しずつ経済活動を自由化し、その成功を踏まえて次のステップに移ります。これを繰り返すことで漸進的に体力をつけ、最後にはほぼ完全なかたちの市場経済を確立するという社会主義計画経済から社会主義市場経済への改革は、「漸進的な改革」で、「石を探りながら川を渡る」（摸着石子过河）

に喩えることができます。

　1992年以後、中国は社会主義市場経済体制が確立され、市場経済メカニズムの初歩的段階が形成されています。

　1997年7月に発生したアジア通貨危機は東南アジア諸国が海外直接投資と輸出産業に過度に依存した経済構造の脆弱性を暴露してしまいました。日系企業をはじめとする先進国の多国籍企業は北上して広東省、上海とその周辺、そして北方の大連に生産基地を設置しました。

　2001年12月に中国は世界貿易機構（WTO）に加盟が実現しました。大きな意味がありました。「改革開放」は、まず、国営企業から国有企業への変身、そして政府機能の転換。国営企業の「経営者」から国有企業の経済活動にルールの策定者、監督者への転身です。さらに、より開放的な市場へ。当時、市場開放をもって外国資本と技術とを引き換えに資本と技術の不足を解消すると同時に模範とすべき製品、企業、市場経済のモデルを招くことも狙いの一つです。

　1999年に憲法が改正され、「社会主義公有制の補充」成分に過ぎなかった私営企業、非公有企業が「社会主義市場経済の重要組成成分」に昇格し、私営企業、民営企業に対する制度的な差別の撤廃も始まりました。「民営経済」が正面から認められたのです。

　この「民営経済」は国有企業を除いて郷鎮企業と都市で自発的に発展してきた個人企業を指しています。WTO加盟のために、これまで金融、通信をはじめ従来国有企業が独占してきた業種への外国企業参入を大々的に認めました。これに対して「外国企業に参入を認めるなら、民族系の非公有制企業が参入することも認めるべきだ」という認識が広がりました。その背後には、市場経済化の進展と淘汰の波の中で、生き残った郷鎮企業や個人企業といった私営企業が急激に台頭したからです。高学歴者によるシリコンバレーをモデルとしたようなベンチャー企業も続々と出現しつつあります。こういう民営企業は国有企業と外資系企業と中国のGDPに各1/3の割合を占めるようになりました。

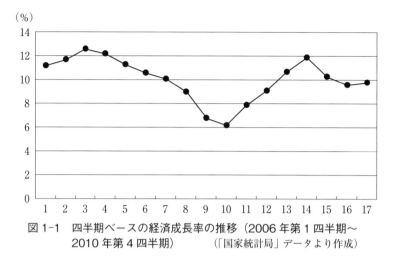

図 1-1　四半期ベースの経済成長率の推移（2006 年第 1 四半期〜2010 年第 4 四半期）　（「国家統計局」データより作成）

　2008 年 9 月に発生したリーマンショックは連鎖的に世界的な金融危機をもたらしてきました。中国政府は素早く対応しました。4 万元（当時のレートで約 50 兆円）の大規模な景気刺激策を行って世界経済を後押ししました。大規模な公共投資（高速鉄道、道路、公共住宅の整備、農村のインフラ建設、生態環境、医療教育など）に踏み切りました。
　2009 年に入っても、政府の政策発動は続きました。景気対策としては、補助金による家電、自動車などの購入支援策が実施されました。その結果、中国経済は V 字回復を遂げました。
　しかし、これは一時的なことに過ぎませんでした。これまでの輸出による経済成長はもはや続かなくなりました。内外要因がありました。国内要因については後に中国経済の課題の節で詳しく述べますが、外的要因は先進国の経済が飽和状態になって、リーマンショックを受けて輸入減少は長引きました。輸出依存度の高い中国にとっては、何とか対応をしなければならないこととなりました。例えば、2007 年に中国の輸出依存度は 36.3%（輸出/GDP）に達しており、輸出が落ち込むと国内産業に打撃をもたらしてきます。4 万元の景気対策は輸出の過度依存から国内消費拡大に資すると見込ん

でいましたが、資金需要のある中小企業にいかず、大手国有企業に振り向けられました。しかし、大手国有企業はすでに供給能力が需要を大きく上回っています。余った資金は株式市場と不動産部門へと向かったのです。株式市場の乱高下や不動産のバブルを引き起こしてしまいました。不動産バブルはさらなる鉄鋼、セメント、アルミニウムなどの過剰生産をもたらしました。鉄鋼は3割の生産過剰、石炭・セメントも約3割で、アルミニウムも相当量の生産過剰に陥っています。

　リーマンショック後に中国経済はターニングポイントを迎えました。大手国有企業の投資過剰による設備過剰、金融投機、不動産バブルといった問題を抱えているほかに、2011年5月に発表された第6回全国人口調査の結果は大きな波紋を呼びました。人口ボーナス期が終了しようとしていたのです。

　人口ボーナス（英語：demographic bonus）とは、総人口に占める働く人の割合が上昇し、経済成長が促進されることを指します。すなわち、人口ボー

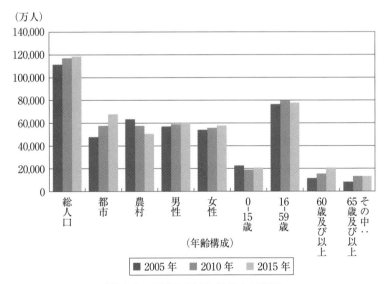

図 1-2　2005-2016 年の人口推移
（「2016 年国民経済と社会発展統計公報」のデータより作成）

ナス時期には、新たに経済活動に従事する若年層が年々増えるため、所得の伸びも高くなり経済成長を後押しします。しかし、ボーナス時期が終わると新たに経済活動に従事する若年層が年々減少するため、経済成長の足かせとなります。また、農業から工業への労働力の供給が滞ると、労働者の賃金水準が上昇します。この現象はいわゆる「ルイスの転換点」[12] です。これはまた中国が直面している「中所得国の罠」[13] でもあるのです。要は、中国経済は生産要素主導型から生産力主導型への転換ができるかどうかなのです。

2. 高度成長の減速

　1979年から2008年（リーマンショック発生した年）までの30年間、中国は平均約10％近い経済成長を達成しましたが、それ以後2016年までの間は約6％台に低下しています。その背景には労働力人口の減少があります。16歳から59歳までを労働力人口としていますが、1980年代に総人口の伸びを抑制する目的で一組の夫婦が産める子供を1人に制限する「一人っ子政策」を採用したことから、この問題が出てきました。

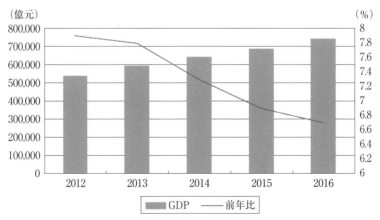

図1-3　2012-2016年GDP及びその増加率（対前年比）
（「2016年国民経済と社会発展統計公報」より作成）

しかし、長年続けた「一人っ子政策」の結果、人口構成は急速に少子高齢化に向かっています。それまで増え続けてきた労働力人口は2012年に減少に転じました。12年345万人、13年244万人、14年371万人、15年487万人、16年349万人という幅で減少が続いています。総人口に占める労働力人口の比率は12年の69.2％から16年には65.6％と3年で3.6ポイント低下しました。

労働力人口の減少で中国の潜在成長率は低下しています。2016年から実施している第13次5カ年計画期間中の潜在成長率は6.1％と、その前の5カ年計画の期間の7.2％に比べ1.1ポイント低下するという中国社会科学院人口問題の専門家による計算があります。

潜在成長率の低下によって経済成長が鈍化していることは、成長率と有効求人倍率の関係を見ると分かります。中国国家統計局は四半期ごとのGDP伸び率を発表しており、一方、人力資源・社会保障部は四半期ごとの有効求人倍率を発表しています。リーマンショックが発生した08年に、世界景気の後退を受けて中国の輸出が落ち込み、経済成長は急減速しました。09年第1四半期にはGDP伸び率は6.2％まで低下しています。一方、有効求人倍率は1を割り込み、08年第4四半期には0.85まで下落しました。

有効求人倍率が1を大きく下回ったことは、リーマンショックの影響によって潜在成長率よりも成長率の実績が落ち込んだことを示しています。

このようにみてくると、「小康社会の全面的完成」を実現するために、2016～2020年の経済の年平均成長率は6.5％以上に維持しなければならないことに抵触することになります。2017年の経済成長の行方が注目されます。

3. 世界経済における中国のプレゼンス

世界経済における中国のプレゼンスが高まってきています。世界経済に占める中国のGDPの割合は、2002年が4.4％、07年が6.3％、12年が11.5％、16年が16.1％と徐々に拡大しています。また、世界の経済成長率への主要

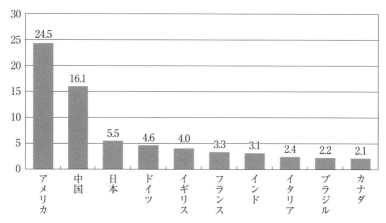

図 1-4　IMF による 2016 年世界全体に占める各国名目 GDP 比
(IMF 統計より作成)

国の寄与度を 1998 年から 5 年ごとに平均してみると、08 〜 13 年は世界全体の成長率に対して中国は 3 分の 1 以上、13 〜 16 年も 3 分の 1 以上を維持するなど、アメリカの寄与が小さくなる一方、中国が徐々に大きくなっていることが分かります。

「経済の高度成長に加え、対外開放型の発展方式を導入したことが、中国の世界経済におけるプレゼンスがアップした要因となった」という指摘があります。

2001 年に WTO（世界貿易機関）に加盟したのを契機として、市場開放をさらに拡大し世界中の企業を中国市場に呼び込むと同時に中国政府が「走出去」戦略を打ち出しました。「走出去」戦略とは、中国企業による積極的な海外進出を意味する語です。

（1）中国企業の海外進出

21 世紀に入ってから、中国は海外直接投資を受けながらも中国企業による海外投資が盛んになっています。

そもそも 1990 年代からすでにスタートを切りました。中国国際信託投資

公司（CITIC）、首都鋼鉄集団有限公司、そして中国化工集団公司（China National Chemical Corporation、略称：中国化工集団、ケムチャイナ、ChemChina）といった国有企業が代表例でした。筆者はこの3社に対し実証研究（1996-98年）を行いました。3社の海外進出に共通の特徴があり、中国国内の巨大な需要です。これは3社が海外進出の最大優位となります。それを「需要特殊論」と名付け実行するモデル[14]を作り出しました。摘要は次の通りです。

　　国内の巨大需要、とくに基幹産業における巨大需要は保護された下で国内企業が海外企業より一早く把握でき、それを満たすために生産活動を拡大する。不足の資本、技術（企業買収を通じて獲得）および原材料などを政府の信用で海外から調達するのは3社の共通特徴となる。このように展開された3社の海外進出は需要によるものである。これまでの多国籍企業理論とは違って、中国企業の海外進出は『需要特殊』に基づいたものである。この理論は成立条件、実行可能性、および実行パターンからなっている。
　　成立条件：『有効需要』が存在する。これを満たすために不足の生産要素は企業のグローバル的調達活動によって獲得する。その活動の中心は需要であり、企業ではない。
　　実行可能性：本国の幼稚産業や基幹産業保護の面から見れば、外資系企業を全面的に受け入れることも現実的ではない。また、外資系企業が入っていたとしても、必ずしも本国の望んだ通りの技術移転や産業への投資を行うとは限らないため、本国の企業が海外進出することによって『外資系企業』となり、本国向け投資をすることは道筋になるのである。本国の需要を最大限に満たすと同時に、潜在的需要もより早く創出することができ、本国の産業政策に沿ったもので、積極的国際化戦略と呼ぶ。
　　実行パターン：このような国際化戦略で本国に向けた投資は政府の融資によるものもあれば、政府の信用の下で海外から調達した資金もある。企業の返済能力は国内市場の需要の大きさと潜在性に基づくものである。途上国企業の海外進出際の『海外進出優位』と名づける。
　　外国企業の本国への進出と本国企業の『海外進出』による本国への投資は輸出と輸入がバランスのとれたもので、補完的貿易関係が構成される。このような投資・貿易パターンは、これまでの多国籍企業論では論じられてこなかった

のであって、『双方向貿易指向型投資』とすることができる[15]。

引用はちょっと長いですが、このモデルは筆者が1998年に書いたものです。20年近くなりましたが、中国企業の海外進出はこのモデルの通りに行われているではありませんか。

2005年にレノボグループ（聯想集団、Lenovo Group）によるIBMのPC事業部（Personal Computing Division）の買収、2010年に吉利自動車がボルボ（フォード）を買収するケースなどはその典型例です。

また、2010年、中国の山東如意科技集団（Shandong Ruyi）による日本のアパレル企業のレナウン（RENOWN）の買収、つづいて2011年にハイアール・グループによる三洋電機の白物家電事業を行う子会社9社の買収で日本では話題となりました。

2016年の中国企業による海外M&A総額は中国統計によれば、1,701.1億ド

表1-1　2016年対外直接投資（銀行、証券、保険業を除く）および伸び率

業種	対外直接投資金額（億ドル）	対前年比（％）
合計	1701.1	44.1
内わけ：農、林、牧、漁業	29.7	45.0
鉱工業	86.7	-20.1
製造業	310.6	116.7
電力、ガス及び水の生産と供給	25.3	-9.2
建築業	53.1	18.0
卸売りと小売業	275.6	72.0
交通運輸、倉庫及び郵政業	36.2	17.1
情報伝送、ソフトウェアと情報技術サービス	203.6	252.2
不動産業	106.4	17.4
リースとコマーシャル・サービス業	422.7	1.4

（「2016年国民経済と社会発展統計公報」より作成）

ル（約18兆7,121億円、＠110）に達し、過去最高だった2015年比44.1％増となりました。これは2016年における世界全体の海外M＆A総額の20.7％を占めており、ドイツ（18％）とアメリカ（12％）を抑えて首位に立ちました。

この数年、海外企業の技術特許とブランド力を国内市場で活用したいと考える中国企業が増えています。とくに民営企業が海外M＆Aをリードしています。2016年に買収件数にしては前年の3倍に上り、金額では国有企業の2倍超となっています。製造業における投資は310.6億ドルで、対前年比116.7％増でした。

海外M＆Aの主な投資先を見ると、中国企業は依然として欧米先進国で最先端のIT技術やプラットフォーム、ブランド、成熟した消費者市場を投資対象としており、投資金額は203.6億ドルに上り、対前年比で252.2％増となりました。また、同時に、地理的優位性や「一帯一路」構想の影響から、アジアも新興投資先として注目される地域の一つになっています。

（2）アジアインフラ投資銀行（AIIB）の発足

アジアは現在、世界経済の中で成長率の高い地域の一つとなっています。それに伴ってインフラ需要が増大しています。既存の国際金融機構、とくにアジア開発銀行（ADB）はそのニーズに応え切れていない状況下で、アジアインフラ投資銀行（AIIB）の創設提案が出されました。それにアジア諸国から快諾を得られました。

アジアインフラ投資銀行（AIIB）は、中国が主導するアジア太平洋地域のインフラ整備を支援する国際金融機関をいいます。これは、2013年10月に習近平総書記が創設を提唱したものです。

2015年初めまでは、参加国の大部分が支援を受ける側のアジア諸国で、先進国や富裕国で名を連ねるのは一部にとどまっていました。その動向が変わったのは、2015年3月12日に日米欧の主要7カ国会議（G7）で、初めて英国が参加方針を発表し、その後、ドイツ・フランス・イタリアなども参加方針を発表しました。これにより、欧州の先進国が参加することで、AIIB

の本格的な（信用力のある）国際機関としての体裁が整いました。57カ国（表1-2）が創設メンバーとして名乗りをあげました。2015年12月25日に発足し、2016年1月16日に開業式典が行われました。2017年の年6月時点で参加国が80カ国に上りました。

表1-2　アジア投資銀（AIIB）創設メンバー57ヵ国　（2015/4/15）

BRICS	ブラジル、南アフリカ
東アジア	中国、韓国、モンゴル
東南アジア	インドネシア、ブルネイ、カンボジア、ラオス、ベトナム、マレーシア、フィリピン、タイ、シンガポール、ミャンマー
南アジア	インド、パキスタン、バングラデシュ、スリランカ、モルディブ、ネパール
中央アジア	カザフスタン、ウズベキスタン、キルギス、タジキスタン、アゼルバイジャン
中　東	カタール、オマーン、エジプト、クウェート、ヨルダン、トルコ、サウジアラビア、イラン、イスラエル、アラブ首長国連邦
大洋州	オーストラリア、ニュージーランド
欧　州	ロシア、英国、フランス、ドイツ、イタリア、スイス、オーストリア、デンマーク、オランダ、フィンランド、グルジア、ルクセンブルク、スウェーデン、ノルウェー、アイスランド、マルタ、ポルトガル、ポーランド、スペイン
中南米	ブラジル
アフリカ	エジプト、南アフリカ

AIIBの基本事項
・本部：中華人民共和国（北京）
・設立：2015年12月25日
・資本金：1,000億ドル（中国が最大拠出国）
・事業内容：新興国のための国際投資機関
・初代総裁：中国の元財務官・金立群

(3) IMF 出資比率の改革案

　IMF の改革案は 2010 年 12 月 16 日に IMF の理事会で採択されました。しかし、IMF ではアメリカが事実上の拒否権を持っているので、アメリカ議会は、かたくなに批准を拒否し続けました。結果として、この改革案は発効しませんでした。5 年の歳月をへて、2015 年 12 月 18 日、アメリカ議会はようやくこの出資比率の改革案に批准しました。

　この出資比率改革では、中国のシェアが 3.72％から 6.39％に上昇したほか、決議権も 3.65％から 6.07％に上昇し、ドイツ、フランス、イギリスを抜いて、アメリカと日本についで第 3 位に浮上しました。比較しやすいように、改革前後の出資比率を表にしました。

表 1-3　IMF 各国議決権比率の改革案（2015 年 12 月成立）

改革前		改革後	
①米国	17.66％	①米国	17.40％
②日本	6.55％	②日本	6.46％
③ドイツ	6.11％	③中国	6.39％
④フランス	4.50％	④ドイツ	5.58％
⑤英国	4.50％	⑤フランス	4.23％
⑥中国	3.99％	⑥英国	4.23％
⑦イタリア	3.31％	⑦イタリア	3.16％
⑧サウジアラビア	2.93％	⑧インド	2.75％
⑨カナダ	2.67％	⑨ロシア	2.71％
⑩ロシア	2.49％	⑩ブラジル	2.32％

注：① 議決権比率は各国の GDP 規模に基づき決められます。
　　② IMF 規約によれば、総務会、理事会の議決には 85％の賛成が必要で、17％を超す投票比率を持つ米国は事実上の拒否権を持っています。
　　③ 2010 年の改革案は、米国の出資比率が 17％台で 1 位、日本が 2 位ですが、主要先進国の合計出資比率を 60.5％から 57.7％に下げ、逆に新興国、発展途上国の比率を 39.5％から 42.3％に増加させるというものでした。

当時の専務理事ストロスカーン氏は記者会見で「この歴史的な合意は、IMF65年の歴史で最も根本的な統治機構の見直しだ」と表明しました。世界経済において役割を増している新興国や途上国の影響力向上に向けた過去最大の変革と位置づけました。

（4） 人民元（RMB）がIMFの特別引出権（SDR）バスケットに採用

人民元が2016年10月1日付けでIMFの特別引出権（SDR）バスケットに採用されました。新たなバスケットの構成比が公表されました。ドル（41.73％）、ユーロ（30.93％）、人民元（10.92％）、円（8.33％）、ポンド（8.09％）の順でした。構成比は市場や外貨準備での使用割合をもとに算出し、各通貨の国際的な重要度を示して、人民元は3位に入りました。

これは中国経済を国際金融制度に組み込む重要な一里塚だと言えます。人民元を自由利用可能通貨だとするIMFの判断は、国際貿易において中国の役割が拡大し、国際的な人民元の利用や取引が著しく増加したことを反映するものです。また、中国の通貨制度、為替制度、金融システムにおいて改革の進展があったことに加え、金融市場の自由化、統合、インフラの改善においても進展がみられました。

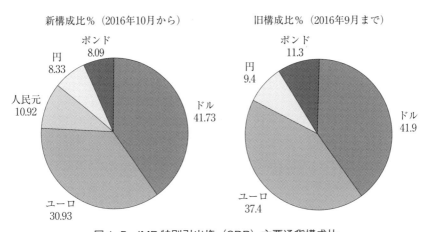

図1-5　IMF特別引出権（SDR）主要通貨構成比

通貨を SDR バスケットに採用する主な基準は 2 つあります。ひとつは、輸出基準です。バスケットに採用される通貨の発行国は、世界有数の輸出国であることが求められます。これは 1970 年以降 SDR 評価手法の一環となっており、バスケットに採用される通貨が、世界経済で中心的な役割を果たす加盟国・通貨同盟発行の通貨であることを担保するためのものです。もうひとつは、IMF が SDR バスケットに採用する通貨は「自由利用可能」だと判断することです。これはすなわち、国際取引での支払いに広く使われ、主要な取引市場で広く取引されていることが要件となります。この基準は、世界経済における金融取引の重要性を反映させるために、2000 年に SDR 評価手法のひとつとなりました。

人民元が SDR バスケットに採用されたことで、人民元は国際化プロセスを強固にし、中国経済、ひいては世界経済の強化につながります。これはまた人民元の国際準備資産としての魅力が高まり、国際通貨資産の多様化を支えることにもなります。

4. 中国経済の課題

中国では最近「新常態」(ニューノーマルとも訳されている) という言葉がメディアによって頻繁に取り上げられています。日本でも経済学者や経済評論家の間ではこの「新常態」に対する見解やコメントなどが発表され議論されています。つまり、「新常態」は「旧常態」と一線を画すために用いられている用語です。

2014 年 11 月に北京で開かれたアジア太平洋経済協力会議 (APEC) CEO サミットの基調講演において、習近平総書記は、中国経済の新常態の特徴として、①高度成長から中高度成長に転換していること、②経済構造が絶えず最適化・グレードアップしていること、③ (成長のエンジンが) 労働力、資本といった生産要素の投入量の拡大からイノベーション (技術革新) に転換していること、をあげました。さらに、新常態の下で、①中国経済が失速す

るリスクはさほど大きくない、②中国が進めている新型工業化・情報化・都市化・農業近代化は「成長の悩み」の解消に資するものであり、国内消費需要の拡大も輸出依存による外部リスクの回避につながる、③中国政府は行政簡素化、権限の開放に力を入れており、市場の活力がさらに発揮されている、と解釈しました。

要約すると、新常態の特徴として、①経済成長率が10％近くから6％台に大幅に低下してきたこと、②成長のエンジンが労働力といった生産要素の投入量の拡大からイノベーションなどによる生産性の向上に移っていること、③経済構造の転換が進んでいること、④金融・財政リスクが顕在化していること、があげられます。リスクの解消と安定成長を目ざすべく、経済政策の軸足を「景気対策」から「供給側改革」（サプライサイド改革）に移行するという中国の新たな改革を指しています。これは「対内改革」のことを言います。

「供給側改革」は2015年11月10日に開催された中国共産党中央財経指導グループ第11回会議で、習近平総書記が「供給側の構造改革を強化すべき」だとの発言に因んだ言葉です。

この改革の狙いは、長年の課題である経済成長モデルの転換です。「旧常態」の場合は、経済成長を見る際に、輸出、固定資産投資など需要項目から考える発想が主でしたが、これを供給側重視に変えます。つまり生産活動において、労働・資金・原材料をどれだけ効率よく投入するかが焦点となります。

労働投入は前節ですでに述べたように、人口ボーナスがなくなり、高齢化に伴う労働力人口が減少しているので、その投入を増やすことはできません。これは潜在成長率低下の主因で、それを歯止めとするためには、イノベーションを通じて、生産性の向上を目ざすことが求められます。

生産要素をより効率的に結びつけ、経済全体の生産性を引き上げるには技術面も重要です。すでに、「中国製造（メイドインチャイナ）2025」「インターネット＋（プラス）」など、新技術やインターネットを応用する戦略が

打ち出されています。これらは中国の産業の章で検討します。

しかし、長期間に残っている国有企業の過剰生産設備の問題、ゾンビ企業（生産性や収益性が低く、本来市場から退出すべきであるにもかかわらず、債権者や政府からの支援により事業を継続している企業）の整理をいかに進めていくかはさらなる国有企業改革の重要な一環となります。

だが、国有企業は衰退産業におけるウェイトが高く、鉄鋼や石炭などの産業は典型的な分野です。これらの分野において、多くの国有企業は過剰生産能力と重い債務負担を抱え、業績が急速に悪化しています。近年、国有企業の重鎮である東北三省（遼寧省、吉林省と黒竜江省）では、国有企業の地盤沈下がよく言われています。計画経済から市場経済への移行を目ざす中国にとって、国有企業の民営化は避けて通れませんが、2016年時点では、その対象は中小型企業にとどまり、大型国有企業には及んでいません。

これら供給側の動きを需要側から見ると、産業の高度化や新産業の発展が需要の高度化や新たな需要を実現させることが期待できます。これまで国内消費（＝需要）はGDPの35％前後に過ぎません（比較：日本では同60％、アメリカでは同70％）。一方、近年日本観光にくる中国人旅行客が「爆買い」現象を起こしています。このことは、つまり消費者の潜在的需要は中国国内では満たされず、生産されたものが需要に合わないことを示唆しています。こうした動きを取り込めば、国有企業の改革、経済発展モデルの転換も促せます。

一方、労働力不足が顕在化するにつれて、賃金上昇が加速した結果、労働分配率が上昇し、所得格差は縮小に向かい始めています。消費拡大に寄与することが考えられます。

もっか、農業を中心とする第一次産業を高度化しながら、第二次産業とする製造業から第三次産業とするサービス業へのシフトが進んでいます。情報や観光、介護など、個人向けサービスの分野に加え、研究開発・設計、ビジネスサービス、マーケティング、アフターサービスなど、生産関連サービスが、政府が重点的に推進する分野となります。

しかし、2008年のリーマンショックを受けて、経済成長が減速するとともに、産業に投資よりもリターンの高い金融や不動産に資金がまわったため、株式市場の乱高下、不動産バブルがもたらされました。中国における株式や住宅といった資産市場は投機性が高く、価格変動が大きい。海外への投資経路が資本規制によって大きく制限される中で、投資資金は株価が低迷するときには住宅市場に流れ、逆に住宅価格が低迷するときには株式市場に戻る傾向が強い。これを反映して、株価と住宅価格の間には逆相関がみられます。とくに、2015年6月以降、株価の急落を受けて、住宅価格は北京、上海、広州、深圳といった大都市を中心に逆に急騰し、その水準はすでにバブルの域に達しているとみられます。

とくにリーマンショック後に中国政府は4兆元に上る景気対策を実施した際、多くの地方政府は、工業化と都市化の進行を背景にインフラ建設関連計画を立て過ぎてひどい後遺症を起こしてしまいました。インフラ建設に資金需要が急増してきたにもかかわらず、地方政府には規範化された資金調達チャンネルが乏しく、財源不足が深刻でした。財源を確保するために、融資プラットフォーム会社を設立し、それを通じて資金調達を行ってきました。その結果、地方政府債務の規模が急拡大したのです。それを解決するために、地方政府は都市化建設用の土地（使用権）を競売し、回収した資金を債務返済の原資に充てました。このように土地競売価格がどんどんつりあげられ、不動産価格の高騰、不動産への投機とバブルにつながりました。

総じてみると、「供給側改革」は、「市場に資源配分における決定的役割を担わせる」（2013年11月の第18期三中全会における市場化改革案）ことをはじめ、市場化改革を積極的に進めるというスタンスが鮮明になっています。しかし、既得権益集団の抵抗もあり、実施のペースが遅いと言わざるを得ません。とはいえ、「在発展中解決問題」（発展の中で問題を解決する）という中国の一貫した対応措置をみると、中高速成長（6.5％）が維持できるかどうかは目が離せません。

第2章
中国の経済改革

　中国は1978年12月の第11期三中全会で改革開放路線を採用して以降、計画経済から市場指向型の経済への改革を続けてきています。この経済体制は「中国の特色を持った社会主義市場経済」と言います。
　社会主義体制を維持しながら市場経済のやり方を借り入れて経済改革の実験を行うから、切口が必要です。
　経済特区の設置とその経済特区における「両頭在外」と「大進大出」はその実験の切口になります。理論にあたるものでもあります。すなわち、経済特区となる実験地において原材料は外国から輸入して半製品・製品を加工し外国に輸出するという両端（両頭）とも外国（在外）にし、輸入と輸出は大量に行う（大進大出）ことです。
　しかし、実験地は北京や上海などといった国が経営している国営企業の重鎮で行われることはなく、広東省と福建省といった北京から2,000kmも引き離れたところでします。失敗してもあまりたいしたことがなく経済・社会の混乱や損失などを最小限にとどめることができます。4つの経済特区は実験地として選ばれました。福建省には1つ、残る3つは広東省に設置されます。台湾に一番近い福建省・アモイに「アモイ経済特区」、香港と接している漁村深圳に「深圳経済特区」、マカオと隣り合っている珠海に「珠海経済特区」、そして東南アジアに多く出稼ぎにいった人々の出身地のスワトウに「スワトウ経済特区」といった4つの経済特区です。香港・マカオおよび東南アジアに散在している華僑・華人、そして台湾の資本を誘致するために

優遇政策をつくり出しました。このような実践は社会主義か資本主義かの政策・路線の論争の中で漸進的に進められてきました。

　1989年6月に天安門事件が起きた後、アメリカをはじめとする先進国からの制裁を受けて経済成長が一時停滞しました。国内の保守勢力が巻き返す中で、1992年1月、鄧小平が経済改革実践の最前線の広東省などを視察し、「南巡講話」[16]を発表しました。改革開放の重要性を強調して市場経済化の流れを再び呼び戻しました。この「南巡講話」は後に中国経済の高度成長の「マイルストーン」となりました。

　一方、外資企業（中国語、以後「外資企業」を用いる）の牽引役で中国経済が崩壊の寸前から抜け出してだんだん改善する中で、国営企業の改革が始まりました。前章でも触れましたが、国営企業とは、一言で言うと、国が経営する企業です。国営企業の改革は所有権と経営権の分離にあり、国が経営権を所有権から剥離する方法として株式化・民営化を導入しました。すなわち、公有制の前提の下、株式制度を導入して資金を調達し、市場経済に適合する効率的な現代企業制度を目指すことです。所有と経営の分離は1992年ごろ完了し、その後国営企業を国有企業と呼ぶようになりました。

　国有企業は政府政策の保護下で改革が進み、数は減少しましたが、「中央国有企業」は基幹産業を独占し国家戦略の担い手として巨大化しました。アメリカのフォーチュン誌による毎年発表される世界の上位500社のランキングをみると、中国の「中央国有企業」が増えています。対照的に、「地方国有企業」は株式化することによって民間企業になりました。

　また、改革・開放後に揚子江デルタ地域や珠江デルタ地域などの地方自治体の郷・鎮が共同で企業を起こしたり、個人が自営業を行ったりして「郷鎮企業」を形成しました。郷鎮企業は農村の余剰労働力を吸収して成長し、現在1億人以上の雇用を創出しています。2000年には国内総生産（GDP）総額の30％、工業生産額の半分近く占めるまで発展しています。

　このように中国という社会主義国では、国有企業、郷鎮企業、そして外資企業といった3種類の企業形態が併存したまま高度経済成長を遂げてきました。

それについては中国の企業の章でまた検討します。

1. 経済特区の設置

経済特区は経済改革の実験区というもので、知識、技術、管理、対外政策の「窓口」として設置されていました。

経済特区では市場経済のやり方が実行されます。進出する外資系企業に対する輸出入関税の免除、所得税の3年間の据え置きなどの優遇措置を実施するとともに、賃金や人事管理制度の改革、企業の経営自主権の保障など経済体制改革の試みが実施されます。華僑・華人は先発組でいち早く経済特区に生産企業をつくり、輸出入貿易を行いました。このような経済活動は水先案内人のような役割を果たして日本をはじめとする海外直接投資が華僑・華人の後を追って殺到しました。1997年のアジア通貨危機前後に投資金額も登録済みの外資企業数も第一次ピークを迎えました。外資企業は中国の輸出入の高い成長をもたらし中国経済発展の牽引力となりました。

経済特区の成果が明らかなため、その後、海南島も経済特区に指定され、5番目の経済特区となりました。外国資本や技術の導入をはかるため、①

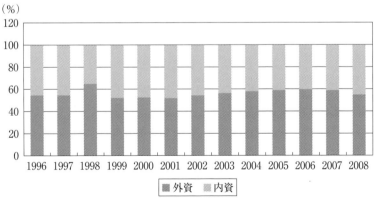

図2-1　中国における外国投資の割合（1996-2008）
（「中国海関統計」（中国税関統計）より作成）

100%外資企業の認可、②輸出入関税の免除、③企業・個人の国外送金の自由、④所得税の3年間据置きなどの特典があります。

経済特区は改革開放の点だとすれば、1984年に始まった14の沿海港湾都市の開放は点から線への拡大したものになります。

さらに、沿江（揚子江）開発というT字型発展戦略、沿辺（国境沿い地域の開放）開放、西部大開発とメコン川総合開発、ユーラシアランドブリッジと天然資源開発といった全方位の開放を遂げました。

図2-2　中国対外開放全方位図
注：1）①深圳経済特区、②珠海経済特区、③汕頭（スワトウ）経済特区、④廈門（アモイ）経済特区、⑤海南島経済特区
2）14の沿海港湾都市の開放
3）T字型発展戦略（沿江開発）
4）沿辺（国境沿い地域の開放）開放、西部大開発とメコン川総合開発、ユーラシアランドブリッジと天然資源開発といった全方位の開放

2. 加工貿易の促進

　加工貿易は「両頭在外」と「大進大出」の実践にあたるものです。後に「世界の工場」と呼ばれていた理由もここにあるのかもしれません。世界中の会社から保税扱いで原材料を有償・無償で輸入して、経済特区で加工して、製品を再び海外に輸出するというこの加工貿易が、中国貿易の全体に半数を占めるようになりました。

　加工貿易の特徴は加工のプロセスにあります。加工は原材料あるいは中間製品に手を加えて製品を製作することですから、難しい作業、技術集約型ではなく、労働集約型作業です。したがって、加工先に豊富でかつ安価な労働力の存在が前提となります。労働力が安価なほど加工プロセスが追加されている分だけ付加価値が高く、また、最終製品の行き先を輸出に頼る構造であるため、国内経済の変動に左右されにくいのです。深圳といった4つの経済特区はこうした条件を十分満たしていました。

　加工貿易には三来一補、来料加工と進料加工があります。三来一補とは、

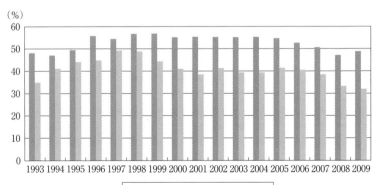

図2-3　中国の貿易全体に占める加工貿易の割合（1993年〜2009年）
（OECD Databaseより作成）

来料加工、来様加工、来件装配、補償貿易という、一般的に付加価値が低いと言われている加工形態の総称です。来料加工と進料加工は加工貿易の2形態で、前者が部材提供と製品引き取りが無償で行われることで、外国企業（加工委託者）から中国企業（加工企業）に加工賃のみが支払われます。進料加工は売買形式の加工貿易です。中国の生産型企業が原材料輸入契約・製品輸出契約を結んで加工を行います。大部分が輸出される場合に、保税措置の適用が可能となります。

　台湾の鴻海（1974年に設立）が1988年に深圳で工場を建てて富士康（Foxconn）という工場から加工貿易でスタートしました。現在深圳総工場では30万人以上の従業員を抱えており、中国全土では、従業員が合わせて100万人以上に上ります。スマートフォンや薄型テレビなどの電子機器を受託生産するEMS（英語：Electronics Manufacturing Service）企業の世界最大手に成長しており、2016年、鴻海によるシャープの買収が話題を呼びました。

3. WTO加盟後の貿易

　十数年にわたる困難に満ちた協議を経て、2001年末、中国はようやくWTOへの正式加盟を実現させました。

　中国の貿易額は、1978年には計206億ドルで世界第29位、2001年でもまだ世界第6位でした。だが2014年になると、輸出は2兆3,431億ドル、輸入は1兆9,631億ドルに達し、輸出入合計では4兆1,704億ドルと、世界第1位となっています。

　中国は2001年に世界貿易機関（WTO）に加盟した後、「世界の工場」として年率30％前後の勢いで輸出拡大を続けてきました。アジア通貨危機に見舞われた1998年とリーマンショック後の2009年を除いて増え続け、世界最大に成長しました。しかし、貿易額は2014年をピークに減少局面に入りました。

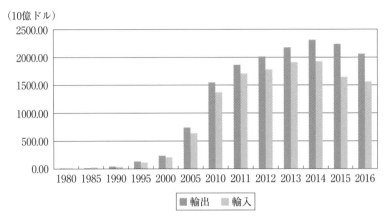

図 2-4　中国の貿易輸出入額の推移
(UNCTAD データより作成)

　2016年には輸出入の合計が前年比6.8％減の3兆6,849億ドル（約424兆円）となり、2年続けて前年を下回りました。中国の貿易額が連続して減るのは経済成長が本格化してからは初めてで、世界の貿易の低迷を映し出していると同時に、減速する中国経済にとって一層の足かせになっています。
　一方、日中貿易は、2011年にピークの3,461億4,178万ドルに達した後、2015年の2,698億6,083万ドルまで4年連続の減少となりました。ただし、2016年には0.2％微増の2,705億0,291万ドルに改善しました。
　日中貿易は減少の局面に転じたのは領土問題を巡って緊張が高まった結果だと言わざるを得ません。とはいえ、両国間に経済相互依存度は依然として高い水準を保っています。しかも貿易に関しては、補完関係が依然として存在しています。とくに中国の越境ECによる個人輸入は日中貿易のバランス的役割を果たしています。「中国の越境ECサイトなどで人気のある化粧品は、金額で37.8％増、数量で47.0％増となった」とJETROによる2016年の日中貿易にはこう記述しています。また、観光庁の統計によれば、2016年に来日中国人観光客による消費金額は1兆4,754億円に上り、同年日本の対中貿易赤字の116億1,201万ドルを上回っています（@ 112）。このように

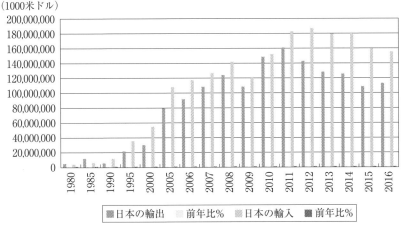

図2-5　日中貿易の推移
注：① 1980-2007年は「日本貿易振興会によるドル建て換算したもの
　　② 2008-2016年は「財務省統計」によるもの

みると、日中貿易は均衡に回復していることがわかります。これからは個人を主とする生活用に関する越境ECは増えてくると予測できます。これについては、後の節で検討します。

4. 人民元の国際化

WTO加盟、そして世界金融危機（リーマンショックに端を発した）以後、人民元の国際化が加速しています。人民元の国際化の進展状況は次の通りです。

（1）人民元建て貿易決済の増加

中国の世界貿易におけるシェアは、WTO加盟する前の2000年の3.7％から2012年には10.7％、そして2016年には13.9％となりました。経済は高速から中高速にダウンしていますが、比較的安定し、物価も低水準に維持されています。

表2-1 人民元建て経常項目決済額

(単位:億元)

	貨物貿易	サービス貿易とその他	合計
2009	19.5	6.1	25.6
2010	3,034.0	467.0	3,501.0
2011	13,810.7	2,078.6	15,889.3
2012	26,039.8	2,757.7	28,797.3
2013	41,368.4	4,999.4	46,367.8
2014	58,946.5	6,563.7	65,510.2
2015	63,911.4	8,432.2	72,343.6
2016	41,290.4	11,065.4	52,274.7
累計	248,339.7	36,369.9	264,709.5

(「中国人民銀行」データより作成)

表2-2 SWIFT使用の貿易・金融決済額における通貨別シェア

	2012年1月			2014年1月			2016年1月	
	通貨	シェア(%)		通貨	シェア(%)		通貨	シェア(%)
1	ユーロ	44.04	1	米ドル	38.75	1	米ドル	42.96
2	米ドル	29.73	2	ユーロ	33.52	2	ユーロ	29.43
3	ポンド	9.00	3	ポンド	9.37	3	ポンド	8.66
4	円	2.48	4	円	2.50	4	円	3.07
5	豪ドル	2.08	5	加ドル	1.80	5	人民元	2.45
6	加ドル	1.81	6	豪ドル	1.75	6	加ドル	1.74
7	スイスフラン	1.36	7	人民元	1.39	7	スイスフラン	1.63
8	スウェーデンクローネ	1.06	8	スイスフラン	1.38	8	豪ドル	1.47
↓			9	香港ドル	1.09	9	香港ドル	1.23
20	人民元	0.25	10	タイバーツ	0.98	10	タイバーツ	0.99

(SWIFT資料より作成)

貿易および海外直接投資における決済金額からみれば、人民元建て決済額は、2009年の35.8億元から2015年には7兆2,343億元に増加しました。貿易における人民元建て決済の比率は、約25％に達しています。人民元建て決済は大半が香港を相手先としているため、香港経由のクロスボーダー人民元決済額が急増しています。

また、世界の貿易代金決済に占める通貨別の比率でも国際銀行間通信協会（SWIFT、Society for Worldwide Interbank Financial Telecommunicationの略称）の調べで、低い水準からではありますが、急速に上昇していることがわかります。SWIFTを使った貿易・金融決済額における人民元のシェアは、2012年1月の0.25％で世界20位から2014年1月の1.39％に、さらに2016年1月の2.45％まで同世界5位となりました。しかし、2017年の元のシェアは1.84％で世界6位に、前年同月よりも順位を1つ落としています。

（2）2国間通貨スワップ協定の締結

人民元建ての貿易決済を促進するために、多くの政策が行われています。

まず、2008年12月以降、中国は、人民元と相手国通貨による通貨ス

表2-3 通貨スワップ締結国

締結年	先数	相手国
2008	1	韓国
2009	5	香港、マレーシア、ベラルーシ、インドネシア、アルゼンチン
2010	2	アイスランド、シンガポール
2011	6	ニュージーランド、ウズベキスタン、モンゴル、カザフスタン、タイ、パキスタン
2012	4	UAE、トルコ、オーストラリア、ウクライナ
2013	5	ブラジル、英国、ハンガリー、アルバニア、ECB
2014	5	スイス、スリランカ、ロシア、カタール、カナダ
2015	5	スリナム、アルメニア、南アフリカ、チリ、タジキスタン
2016	3	モロッコ、セルビア、エジプト

（「中国人民銀行」データより作成）

ワップ協定を多くの国との間で結んでいます。これは CMIM（Chiang Mai Initiative Multilateralization）などで目的とされる危機時の短期流動性支援に加えて、平時に相手国の企業が中国からの輸入代金の支払いに人民元を用いることを想定したものです。すなわち、人民元の流動性を供給し、その国際化を促進することを目的としています。

2016年時点で、中国人民銀行（中央銀行）は36カ国と協定を締結しています。通貨スワップの累計締結額は3.3兆元余[17]です。

（3）クリアリング銀行の指定による人民元オフショア・センターの構築

クロスボーダー人民元決済（中国本土外での人民元決済）は、2009年7月の解禁以来、順調に拡大しています。

しかし、クロスボーダー人民元建て決済のための集中システムは存在しません。したがって、これを行おうとする外国銀行は、中国国内の決済システム（CNAPS: China National Advanced Payment Systems）を利用できる中国の地場銀行と取引しなければなりません。

クロスボーダー人民元建て決済ができるように、中国は2009年7月よりクリアリング銀行の指定を開始しました。クリアリング銀行はCNAPSに直接接続し、クロスボーダー人民元決済の機能を果たす銀行となり、中国の銀行の現地法人がこれに指定されています。クリアリング銀行に人民元口座を保有する海外の銀行は、「参加銀行」と呼ばれます。2010年7月には、参加銀行の活動に関する規制緩和が実施されました。

初めて設立されたクリアリング銀行は、中国銀行香港支店です。2009年12月には同行マカオ支店が、2012年12月には同行台北支店がクリアリング銀行に指定されました。2013年4月には中国工商銀行シンガポール支店が指定を受け、同時に、中国人民銀行との間で人民元ビジネスに関する協力のための覚書（MOU）を結びました。

さらに、2014年3月、英・独の中央銀行、同年9月にフランス、ルクセンブルクなどとの契約は次頁の表2-4の通りです。

表2-4 人民元オフショア・センターの状況

(単位:10億元)

	クリアリング銀行	人民元預金	QFII割当額	中国人民銀行のスワップ・ライン
香港	中国銀行香港	981.4	270	400
マカオ	中国銀行マカオ	103.8	0	なし
台湾	中国銀行台湾	310.2	100	なし
シンガポール	中国工商銀行シンガポール	257.0	50	300
韓国	交通銀行ソウル	117.1	80	300
マレーシア	中国銀行マレーシア	n.a.	0	なし
オーストラリア	中国銀行シドニー	200.0	50	200
カタール	中国工商銀行ドーバ	n.a.	30	なし
タイ	中国工商銀行タイ	n.a.	0	なし
イギリス	中国建設銀行ロンドン	25.4	80	200
ドイツ	中国銀行フランクフルト	50.0	80	350
フランス	中国銀行パリ	20.0	80	350
ルクセンブルク	中国工商銀行ルクセンブルク	67.2	0	350
スイス	未定	n.a.	50	150
カナダ	中国工商銀行カナダ	n.a.	50	200

注:ドイツ、フランス、ルクセンブルクのスワップ・ラインは欧州中央銀行が代替
(「中国人民銀行」データより作成)

　香港はアジアの国際金融センターです。1997年7月1日に中国に返還されました。その直後、アジア通貨危機を撃退し、国際金融センターとしての地位はさらに強化されています。中国にとって香港を活用することにより人民元の国際化、そして香港をサポートしながら中国国内の産業構造の転換を促進する、といった思惑で、香港オフショア人民元センターを設立しました。

　これを受けて、人民元QFII(QFII、Qualified Foreign Institutional Investors)制度が香港で導入され始めました。人民元QFIIとは、中国本土内の証券市場における人民元建て証券に対し、人民元を用いた投資が認められる本土外の機関投資家を指します。先進国の進んだ市場運営・取引ノウハウ吸収などのために、証券市場の対外開放が政策目標の一環とされています。

（4）人民元建てクロスボーダー債券の発行

　人民元建てクロスボーダー債券の発行残高は着実に増加していますが、世界の金融取引に占めるシェアはまだ0.5％として低水準に止まっています。また、各国の外貨準備に占める各通貨のシェアも、2014年時点で人民元は1.1％に止まっています。国際決済銀行（BIS）のデータによれば、2016年末時点で、人民元建てクロスボーダー債券の残高は6987.2億元に達しており、そのうち、オフショア人民元建て債券の残高は5665.8億元、中国国内で発行した人民元建て債券は1321.4億元[18]でした。

表2-5　各通貨の外貨準備に占める比率

2013年		2014年	
米ドル	61.3%	米ドル	63.7%
ユーロ	23.7%	ユーロ	21.0%
ポンド	4.2%	ポンド	4.1%
円	3.3%	円	3.4%
豪ドル	2.2%	豪ドル	2.1%
加ドル	2.0%	加ドル	2.0%
人民元	0.7%	人民元	1.1%
NZドル	0.2%	スイス・フラン	0.2%
スイス・フラン	0.2%	NZドル	0.2%

（IMFデータより作成）

　全般的に見てくると、人民元は、実体経済面では着実に国際通貨としての資格を備えつつあることがわかってきました。

　また、人民元建て資本取引も段階的に自由化されています。香港市場では「点心債」[19]の発行が増加しているほか、オフショア人民元の為替取引も活発に行われています。

　しかし、いくつかの分野において厳格な規制が残されています。ただ、「第13次五か年計画（2016～2020年）」には「中国金融業の双方向開放、順序のある人民元建て資本取引の自由化を実現する」とはっきりしているので、

表2-6 人民元国際化主要な出来事

2009年7月	人民元建て貿易決済のパイロット取引開始（詳細は本文参照）
2010年11月	ロシアとの間で2国間貿易決済協定に署名
2010年6月	国内の地域を20の省・特別市・自治区に拡大
	輸入取引に関しては対象地域のすべての企業に拡大。貿易相手国を全世界に拡大
2010年8月	マレーシアリンギと人民元の直接交換取引開始
2010年11月	ロシアルーブルと人民元の直接交換取引開始
2011年8月	人民元建て貿易決済の対象地域を中国全体に拡大
2012年3月	人民元建て貿易決済に関する認可取得を撤廃
2012年6月	日本円と人民元の直接交換取引開始
2012年9月	台湾との間で通貨クリアリングに関するMOUに署名
2013年4月	人民銀行と工商銀行（シンガポール）が通貨クリアリング契約に署名
2013年4月	豪ドルと人民元の直接交換取引開始
2013年11月	シンガポールドルと人民元の直接交換取引開始
2014年3月	ニュージーランドドルと人民元の直接交換取引開始
2014年3月	中国とフランスの共同声明でフランスのRQFIIに800億元のクォーターを授与
2014年6月	英ポンドと人民元の直接交換取引開始
2014年7月	韓国ウォンと人民元の直接交換取引開始
2014年12月	タイとの間で通貨クリアリングに関するMOUに署名
2015年1月	スイスの国家銀行との間で通貨クリアリングに関するMOUに署名
2015年4月	ルクセンブルクのRQFIIに70億元のクォーターを授与
2015年5月	チリ中央銀行との間で通貨クリアリングに関するMOUに署名
2015年9月	アルゼンチンとの間で通貨クリアリング契約に署名
2015年12月	アラブ首長国のRQFIIに500億元のクォーターを授与、通貨クリアリング契約に署名
2015年12月	タイのRQFIIに500億元のクォーターを授与
2016年5月	モロッコとの間で通貨クリアリング契約に署名
2016年6月	米FBRとの間で通貨クリアリング契約に署名、RQFIIに2,500億元のクォーターを授与
2016年6月	南アフリカ・ランドと人民元の直接交換取引開始
2016年6月	ロシアとの間で通貨クリアリング契約に署名
2016年9月	中国銀行ニューヨーク支店に人民元クリアリングを指定
2016年9月	中国工商銀行モスクワ支店に人民元クリアリングを指定
2016年9月	アラブ首長国・ディルハムと人民元の直接交換取引開始
2016年12月	中国農業銀行ドバイ支店（アラブ首長国）に人民元クリアリングを指定
2016年12月	ポーランド・ズウォティと人民元の直接交換取引開始
2016年12月	ノルウェー・クローネと人民元の直接交換取引開始

（「中国人民銀行」データより作成）

国策として掲げている人民元の国際化は確実になる見通しです。

人民元建て貿易決済に関する主要な出来事は表 2-6 の通りです。

5. サービス貿易の拡大

中国のサービス貿易は開放度がまだ低い状態にあります。国際競争力も総じて弱く赤字が続いています。ただし、2010 年以後は、サービス貿易が着実に増大しています。

中国国家外為管理局（SAFE）の統計によれば、2016 年の中国のサービス貿易額は 6,575 億ドルに上り、世界 2 位でした。同貿易収支は 2,601 億ドルの赤字となり、赤字幅が前年の 2,065 億ドルから拡大しました。この点でいうと、中国のサービス産業とサービス貿易の開放と発展は、世界貿易やグローバル経済の成長に対する寄与度が高まっています。例えば、2016 年 12 月のサービス貿易収支は 261 億ドルの赤字で、赤字幅は同 11 月の 254 億ドルから拡大しました。12 月の赤字のうち、中国人観光客による海外での支出額が、外国人観光客の中国での支出を上回って 242 億ドルに達し、12 月赤字（261 億ドル）に 92％以上を占めました。

これは近年、中国サービス貿易の最大の特徴です。

サービス貿易は WTO 加盟の際に対外開放の約束の一つで、しかも経済発展モデルの転換の一環でもあります。サービス産業とサービス貿易の両分野においては、開放・改革・革新が積極的に推進され、めざましい成果がありました。地域の開放をめぐっては、上海市など 11 カ所に自由貿易試験区を設立し、天津市など 15 地域でサービス貿易革新発展のテスト事業を展開し、北京市でサービス産業の開放拡大総合テスト事業を展開することが挙げられます。産業の開放をめぐっては、銀行、証券、先物、保険などの分野で外資参入制限を緩和し、会計監査、建築設計、格付けサービスなどの分野で外資参入制限を撤廃し、電気通信、インターネット、文化、教育、交通輸送などの分野で段階的開放を推進することが明らかにされました。こうした一連の

重大な措置は、中国のサービス産業とサービス貿易の急速な発展を推進させることができました。2016年の中国サービス産業における外資導入総額は、実行ベースで885億6,000万ドルに上りました。また、同年中国の海外直接投資（1,832億ドル）にはサービス産業の割合がアップし、増加率は対前年比70％を超えています。主に「一帯一路」（One Belt and One Road）沿線国家のサービス産業に対して行った投資は300億ドルを超えました。

今後5年間で、中国は世界から2兆2,000億ドルのサービスを輸入することが予想されています。

6. 中国観光客のアウトバウンド消費

中国人観光客は近年世界中に旅行をしており、2015年には1億2,000万人の中国人が世界を旅をしました。国連観光機関（UNWTO）によれば、その消費額は、他の国を圧倒しています。2016年における中国人観光客の国外消費額は2,610億ドル（約28兆4,900億円）に上り、15年と比べて12％増加しました。中国人観光客の国外における消費額は13年連続で2桁成長しており、5年連続で消費額最多となっています。16年は米国（1,220億ドル）の2倍以上の消費となりました。01年の時点では、中国から外国を訪れる観光客は年間1,200万人でしたが、現在はその10倍以上となっており、中国は重要な観光客源国となっています。

また、米コンサルティング会社のベイン・アンド・カンパニー（Bain & Company）は2017年10月25日に発表した年度報告の中で、個人によるぜいたく品消費は2016年に停滞をみせた後、17年には恒常為替レート（CER）ベースの営業収入が前年比6％増加して2,620億ユーロ（1ユーロは約132.0円）に上り、これまでの予測値を2～4％上回るとの見方を示しました。それによると、17年のぜいたく品市場では、中国人の顧客が32％を占め、他国を引き離しています。

日本でも同じことが起きています。日本政府観光局（JNTO）の統計で

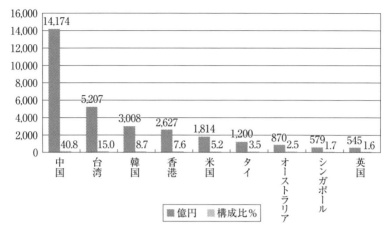

図 2-6　国籍・地域別の.訪日外国人旅行消費額と構成比
（日本政府観光局のデータより作成）

は、2013 年に日本を訪れた中国人旅行者は延べ 131 万でしたが、2015 年には 499 万人、2016 年は 600 万人を突破して 637 万人に達しました。中国人旅行者による「爆買い」現象が最盛期を極める 2015 年には一人当たりの消費金額は 28 万 3,842 円で、他国を圧倒しました。

2016 年に来日中国人観光客による消費金額は 1 兆 4,754 億円で、前年の 1 兆 4,174 億円より微増でした。また、「日本経済新聞」がまとめた 2017 年のデータをみると、「7～9 月期の旅行消費額は過去最高の 1 兆 2,305 億円。中国が前年同期比 23.5％増と伸びた。訪日客の増加で消費が活発だった」ということがわかります。

日本はビザ発給要件をさらに緩和したことで、2017 年 5 月から 3 年間なら何度でも日本を訪問できる数次ビザの発給が可能になり、リピーター客増につながりました。このことは、中国の訪日客による消費が活発化し、旅行業界、関連の生活耐久消費財や消耗品のメーカーに活気がもたらされるに至りました。

日本で現れた中国人旅行客の消費傾向は国連観光機関の統計と一致しており、全世界で中国人旅行客が起こした「爆買い」現象には中国のサービス

収支の赤字も裏付けています。

7. 越境ECの勃興

　越境ECとは、国を越えた電子商取引（EC: electronic commerce）のことです。中国語では、「跨境電商」と呼びます。特に、海外向けにウェブサイトを開設しその国の消費者向けにモノを販売することを指します。

　中国では、近年EC市場が急速に成長してきています。これまでの経済成長は輸出入貿易によるところが大きかったのです。ところが、リーマンショック後に輸出入はこれ以上高成長が求められない中で、EC市場の急成長は救世主のような現れとなっています。2012年以後、毎年2桁増が続いています。2015年のEC小売額は前年比30％増となり、消費市場の実態はEC抜きでは語れないほどです。

　2009年から始まったネット通販最大の商戦日である11月11日の「独身の日」セールの取引額を取り上げてみると、2016年には1,207億元を超え、一日の売上がヤマダ電機の一年間の売上よりも多いことがわかります。さらに2017年の11月11日にアリババ・グループ・ホールディングは、そのセールの取引額が1,682億元（日本円で約2兆8,594億円、@17）となり、昨年の1,207億元から39％増えて過去最高を更新したと発表しました。一方、ライバルの京東商城はそのキャンペーンの取扱高が1,271億元（日本円で2兆1,607億円）を記録し、前年比約3倍と躍進しています。2社合計で2,953億元（5兆201億円）でした。

　「独身の日」の中国語は「光棍節」といい、結婚していない男性の祭りの意味で、後に「双十一」を呼ぶようになりました。「双十一」とは11月11日のことです。今では「ネット通販の日」という一大イベントとなっています。

　越境EC（電子商取引）は海外に直接出店するリスクやコストを軽減する

図2-7　EC市場の取引規模
（JETRO「中国の越境EC（2017（年2月号））」より作成）

図2-8　2017年の「独身の日」の取引額 — アリババ

図2-9　2017年の「独身の日」の取引額 — 京東商城

ことができ、非常に大きな意味を持っています。これまでは「舶来品専門店」、あるいは「舶来品専門コーナー」から、しかも高価格で買う方法しかありませんでした。越境ECの登場で低価格だけではなく、世界中から「海淘」（海外市場から商品を選別し購入）ができ、たちまち中国人の購買欲が掻き立てられました。

越境ECにおいては、日本経済産業省によれば、「日本における2013年度の越境ECの市場規模は1.7兆円であり、14年の推計では、米国の日本からの購入額が4,868億円（対前年比12.6%増）、中国の日本からの購入額が6,064億円（同55.4%増）となっている」ことです。

2016年度の中国・日本・アメリカの越境EC市場規模を日本経済産業省

表 2-7　2016 年度中国・日本・アメリカの越境 EC 市場規模

国 (消費国)	日本からの 購入額	米国からの 購入額	中国からの 購入額	合計
日本		2,170	226	2,396
(対前年比)		7.5%	7.9%	7.5%
米国	6,156		4,259	10,415
(対前年比)	14.4%		16.5%	15.2%
中国	10,366	11,371		21,737
(対前年比)	30.3%	34.7%		32.6%
合計	16,522	13,542	4,486	34,549
(対前年比)	23.9%	29.5%	16.0%	24.9%

（日本経済産業省のデータより作成）

のデータに基づいて作成してみました。

　日米中3カ国で越境ECサイトを通して購入した金額は中国人がアメリカ人の倍で、日本人の10倍弱、全体に3分の2近くを占めています。

　2015年のユーキャン新語・流行語大賞に「爆買い」が選ばれたのは、来日中国人観光客による大量購買の凄まじさがあったからです。その後「爆買い」は沈静化したかのように見えましたが、越境ECに転じました。2016年に越境ECサイトを通して中国人が購入した日本商品は1兆366億円に達し、1兆円を突破しました。1兆4,754億円の「爆買い」と合わせると、なんと2兆5,000億円を超えました。

　2兆5,000億円というのは、日本国内の消費税が1％上がる場合、約2兆円の税収増加に相当する効果を考えると、「爆買い」は1.25％相当の消費税増税の効果になることです。

　近年日本の対中輸出は縮小しています。2011年はピークの1,942億9,626万ドルに達して以後縮小する傾向になり、2015年の1,426億8,964万ドルまで低下しました。2016年には1,449億9,644万ドルにやや回復しました。しかし、「爆買い」金額は貿易統計に表れていません。2016年の「爆買い」金額である1兆4754億円（約131億ドル、@112）を足すと、日本の対中輸

出は1,581億6,944万ドルに変わります。同中国からの輸入である1,566億846万ドルと照らし合わせてみると、日中貿易は均衡のとれたものになります。

　また、中国では、越境ECとは別に、「海外代購」があります。「代購」とは「代理購買」の略語で、一般消費者が海外の商品を専門業者あるいは「準専門業者」である在外留学生、家庭主婦、社会人などに代理で購入してもらい個人輸入することです。郵送とEMS（国際スピード郵便。英語：Express Mail Serviceの略称）を使うケースが多いです。付加価値の高いもの、しかも税関で引掛りそうなものはEMSで運送することが多い。この「代購」が存在できるのは、中国人間の「関係」（信頼関係）が働いているからです。立て替えと先払いなどの支払い方法があります。この「代購」は越境ECに匹敵するくらい、ないしはそれを超えているのではないかと思います。筆者も毎年少なくとも5回買っています。金額にしては10～20万円に上ります。理由はごく簡単です。同質のものであれば日本のほうが安いからです。数点まとめて買ってEMSで郵送してもまだ中国国内で買うよりだいぶ安いのです。

8. 中国における越境ECをサポートするネットワーク

　中国人の高い消費意欲が現在世界の越境EC市場を牽引していますが、年間2万元の取引限度額があるため、日本のEC営業サイトで購入する場合、1年間の間に2万元を超えてはなりません。その制限がなければ、越境ECは何倍も増大してくるはずです。

　現在中国では、越境EC税制、保税区を活用した越境ECビジネス、新しい制度などが整っています。日本から中国向けに越境ECを行う方法は大きく分けて2つあります。一つは、日本のEC運営サイトで中国消費者に直接販売する方法、もう一つは、中国のECサイトに出店して販売する方法です。

インターネットで「中国の越境EC」と入力すると、たくさんの関連会社のHPが出てきます。中国の「京东全球购」(JDWorldwideOne、京東全世界購買)や、「腾讯」(Tencent、テンセント)などは日本のクロネコヤマトなどの物流業者と提携しているサイトです。越境ECを通して日本商品、あるいは中国商品を買うなら、参入手続きが極めて簡単です。

中国では2016年4月、越境EC推進にあたり大きな制度改定が行われました。行郵税(入国する個人の荷物や個人の郵便物に対する輸入関税のこと)に象徴される税制面の優遇に歯止めがかかり、越境ECも一般貿易化の方向にあると受け止められています。「越境ECブームは終わった」との声も聞こえてきます。だが、越境ECを利用する多くの中国人消費者は、その魅力として、製品への信頼性を挙げています。とくに日本観光にきて「爆買い」経験のあった中国人旅行者は、中国に戻った後、越境ECと「代購」を使い分けして日本の商品を購入する場合が多いです。また、口コミで日本商品を宣伝したり、実物を見せたりすることによって、周囲の購買欲を掻き立てることも考えられます。

制度と政策の面では、ここ数年国内および越境の両面で、EC政策を推進してきました。中国の海関総署(税関総署)は、2014年3月、「越境貿易ECサービスのネット販売保税モデル試行の関連問題に関する通知」を公布しました。上海市など6都市において、保税倉庫を利用して輸入する場合の行郵税を適用し、一般貿易とは異なる手続きで通関を行うことを許可するというのがその内容です。これにより、消費者向け越境ECの保税スキームが規範化され、手続きの利便化や税率の軽減が図られることとなりました。その意味で上記通知は、越境ECの「保税区モデル」に関し、その定義を明確にしたと言えます。その後も保税区モデルの環境整備は進められており、北京周辺(京津冀地区)、上海周辺(長江経済帯)、広東周辺などでは自由貿易試験区が発足、隣接する都市をまたぐ通関一体化改革なども打ち出されたほか、HSコードの新規追加、外貨決済上限の引き上げといった関連政策が相次いで公布されました。なお2016年9月現在、保税区モデルとしての機能

を有する国務院認定都市は計 10 都市に拡大しています。さらに越境 EC の総合試験区として 13 都市が認定されました。

表 2-8　越境 EC 制度整備の流れ

発生時期	制度名	内容
2013 年 8 月	国発〔2013〕32 号	越境 EC 通関サービスプラットフォームと対外貿易取引プラットホームを構築、越境 EC に適応する監督管理措置を実施、電子商取引の「走出去」(海外進出) を促進
2014 年 3 月	署科函〔2013〕59 号	上海・杭州・寧波・鄭州・広州・重慶の 6 都市で、保税区を利用した越境 EC の対象、免税規定を明確化。同月、李克強総理が政府工作会議にて輸入促進策の実施、越境 EC 試験都市の拡大を提唱
2014 年 7 月	税関総署公告 2014 年第 56 号、第 57 号	越境 EC 貨物の取扱手続きを明確化。税関管理コードに「保税越境貿易電子商取引」を追加。越境 EC が合法的地位にあることが確認される
2015 年 3 月	国函〔2015〕44 号	杭州市に中国初の越境 EC 商務総合試験区を設立することに同意
2015 年 6 月	国弁発〔2015〕46 号	国内企業が EC を利用した対外貿易を行うことを推奨。越境 EC の税関輸出入通関プロセスを最適化
2016 年 1 月	国函〔2016〕17 号	国務院が新たに天津、上海、重慶、合肥、鄭州、広州、成都、大連、寧波、青島、深圳、蘇州の 12 都市に越境 EC 総合試験区を設立することを承認

(JETRO 資料より作成)

第3章
中国の産業

　中国の産業は国有企業、外資企業と民間企業の共存・協力・競争の中で育てられ現在の構造となっています。政府の産業政策がその中で大きな役割を果たしていることは知られています。

1. 産業政策の展開

　政府は国有企業、外資企業と民間企業を対象として、個々の産業活動や企業の取引活動に行政指導を行い、商品・金融市場の形成および市場機構に対して産業政策を策定します。競争優位を持つ産業が核となって広域的な産業集積が進むように産業政策を傾斜し、国の競争力向上を図っています。
　社会主義市場経済を目指していることで、国有企業には産業政策が優先されています。この節では中国の経済発展時期に分けて産業政策の展開を見てみます。

（1） 産業政策の調整期（1979～1989）
　改革開放（1978年末）までの産業政策は重工業の発展に重点が置かれました。1982年からエネルギー産業と交通インフラの建設に資金を重点的に配分する方針を決定しました。
　中国では、「要想富、先修路」という教えがあります。日本語に訳すと「道をつなげば、豊かになれる」になります。交通が不便で地域の資源が孤

立し、相互融通ができず、地域発展の道が切断されます。この交通のネックが一旦解消されると地域の資源が優位に変わり、流通がスムーズにいくと、経済発展もその道なりのことになります。全国の道路網の整備、高速鉄道の建設、そしていま「一帯一路」構想にもこの教えが働いています。

　1980年代の産業政策を集大成したものが1989年3月15日に発表された「国務院関於当前産業政策要点的決定」（目下の産業政策の要点に関する決定）でした。要点をまとめますと、次の通りです。①生産分野：農業、エネルギー、素材産業、交通運輸、機械・電子、ハイテク産業など、②インフラ建設：農業、林業、水利、石油基地、通信・郵政のハブ、③技術分野：農業、軽工業、機械電子、交通輸送、郵政通信、省エネなどに技術改造と新技術の導入、④対外貿易分野：国際市場の需要に応じて製品の輸出をはかり、輸出製品のグレードを高め、「三來一補」貿易を積極的に開発し、できる限り輸出の量を増やすこと、国内に必要なもの、とくに重要な原材料と不足している物質、先進的な技術、設備および重要な部品などを輸入すること。

　この時期に中国の産業政策はまず国有企業向けの「重複投資」を対処し、競争力のない産業を制限することから、限られた資金をインフラ建設やエネルギーといった重要な分野につぎ込むこと、輸出産業、とくに「三來一補」貿易の発展を奨励することによって、外資企業を誘致し輸出志向型産業の発展を図りました。

（2）　主導産業の育成（1990〜2000）

　1994年4月12日に「90年代国家産業政策綱要」（90年代における国家産業政策の綱要」が発表されました。80年代の「産業政策の要点に関する決定」に対する調整だと言えます。「産業政策の綱要」の冒頭で農業、基礎産業とインフラなどの整備が遅れた局面に触れて、産業構造の不均衡を是正し最適化を図り、「支柱産業」（主導産業）の育成を促進すると強調しています。

　しかし、「支柱産業」のリストは出されていませんでした。国有企業、外

資企業と民間企業（郷鎮企業）の三種類の企業が存在していることと関係しているでしょう。国有企業は計画経済の産物で、しかも社会主義市場経済の柱です。基幹産業には国有企業の独占が形成されています。対して、民間企業（郷鎮企業）は動労集約型産業、技術集約度の低い産業にあり、自由競争、しかも国有企業と外資企業との不平等競争に晒されています。民間企業（郷鎮企業）は産業政策の「ボーナス」を享受できないのは事実です。

　一方、外資企業は中国を生産・加工の基地とし、中国で生産された製品・中間製品の大部分は輸出向けですから、輸出を奨励するという産業政策と合致しています。免税や減税などの優遇政策を享受できるだけではなく、大手多国籍企業が経済特区、ハイテク産業パークに3,000万ドルを投資する場合、工場生産用地となる土地を無償で提供される時期もありました。

　したがって、個別産業（自動車産業）に関する産業政策は公表されましたが、その他は公表されませんでした。

　アジア通貨危機（1997）以後、WTO加盟に向けて産業政策制定を求める声が出にくくなりました。1998年に行われた政府機構の改革によって、機械工業部、中国紡織総会など産業別の官庁は廃止され、すべて国家経済貿易委員会傘下の部局となりました。

（3）　WTO加盟後の産業政策の行方（2001年以後——）

　WTOの本質は自由競争の原理に基づいた市場経済原理です。貿易の障壁や差別取り扱いを取り除いて、世界経済に可能な限り市場経済原理を及ぼすことが世界経済の構成を最大化するという理念ですから、産業政策はそれに抵触するものとなります。だが、実際に先進国にも産業政策というものが存在しています。

　産業政策は、狭義と広義に分けられています。狭義の産業政策とは、政府が次に国を牽引する産業部門を選び、その産業を優遇措置によって育成するためにとった政策のことです。その具体的手段として、政府主導による融資資金の配分、関税などの貿易保護政策、税制優遇措置、研究開発への補助

金の支給、土地価格の優遇措置、政府調達における国産産品優遇措置などが挙げられます。広義の産業政策は、政府が市場に代わって、財・サービスといった公共財まで供給する政策を含みます。

中国はWTO加盟をめぐって、最初は加盟の資格（完全な市場経済国ではない）への確認、いわば、国有企業の経営に政府の直接関与があるかないかでした。サービス市場の開放についても難題の一つでした。その後、中国は一方的に市場開放を約束しました。市場開放をもって国内におけるさらなる改革を促すという狙いがありました。これは中国語でいうと「倒逼機制」（外圧で改革に行動を促すメカニズム）です。

改革開放は、①国有企業の改革、②政府機能の転換、③市場開放という3点にまとめることができます。国有企業の改革については、政府から独立させ、独自に経営権を持ち、責任を負える経済主体に転換させるという政府の仕事、これに対応した政府の機能の転換で、経済計画の策定、経済活動ルール作り、所得再配分と歳出歳入などのマクロ政策への職能転換、経済活動の経営者から管理者・監督者への変身です。

しかし、中国はWTO加盟に実現した17年後のいまでも、その市場経済の地位がまだ認められていません。

中国では、産業政策の賛否両論は現在進行形のままです。中でも、2016年11月9日の日に北京大学国家発展研究院で行われた産業政策弁論会で、政府と世論に強い影響力を持つ北京大学の林毅夫教授と張維迎教授が行った論争がもっとも代表的なものです[20]。

林毅夫教授は世界銀行上級副総裁兼チーフエコノミスト（2008-2012）を務めた後、北京大学に戻り、国際的に最も高く評価されている中国の経済学者の一人です。一方、張維迎教授は自由派経済学者の一人で、2010年に北京大学光華管理学院院長を辞任した後、

https://www.jianshu.com/p/5479030d2945
より取得

2014年より北京大学国家発展研究院に移籍しました。両教授とも欧米の大学で博士号を取得した中国を代表する経済学者です。

　林毅夫教授は、中国の発展には産業政策が必要であると主張します。その理由は3点です。①既存の先端産業あるいはそのリーディング企業はその前期の研究開発がすべて政府の支持した下で行われたこと、②産業政策は技術の創造、産業のレベルアップを導くこと、③産業政策の失敗には、その制定と執行の中で過ちがあったから。

　一方、張維迎教授は産業政策を撤廃すべきだと訴えています。理由も3点にまとめられます。①創造は予見が不可能なこと、②産業政策は不当な利益を求める人間を生み出すこと、③比較優位を作り出すのは個別行為であり、国家行為ではないこと。

　中国では、経済学者の意見は、政府の政策立案に参考されることが多い。真正面から対立した両者の観点は政府の産業政策の策定にどういう影響を与えていくかに注目すべきところです。

2. 産業構造の変化

　改革開放以後、中国の経済構造には大きな変化がありました。最大の特徴は国営経済の一元的経済構造が国有経済、民営経済、外資経済などからなる多元化構造に変わったことです。この経済構造の変化は経済発展をもたらし、産業構造の高度化につながりました。すなわち、経済の発展に伴い、国民経済に占める第一次産業の比重は次第に低下し、第二次産業、次いで第三次産業の比重が高まることで、労働力が第一次産業から第二次産業へ、さらに第三次産業へと移っていくことです[21]。「ペティ・クラークの法則」の説いていることに合致しています。

　ただし、産業構造の高度化が進んでいくと、産業全体にはモノづくりのウェイトが低下し、経済のサービス化が見られるようになります。モノ（ハード）にサービス（ソフト）をつけて付加価値を高める工夫はインターネット

産業の普及につれて、IT産業、流通、販売などの分野でなされています。

（1） 1990～2015年の各次産業構造の変化

中国国家統計局のデータによれば、2016年に第一次・二次・三次産業は国内総生産（GDP）に占める割合はそれぞれ8.6％、39.8％、51.6％です。1990年と比較すると、第一次産業は18.5ポイント下がり、27.1％から8.6％に縮小しました。第二次産業は26年間の変化はわずか1.5ポイントの縮小（41.3％→39.8％）ですが、中でも1990年から1995年までは上昇期にあり、2005年に頭打ちとなりました。1995～2010年の15年間には平均46％以上の水準を維持していました。その後、ウェイトが低下していきました。一方、第三次産業は1990年の31.6％から2016年の51.6％まで、ちょうど20ポイント上がりました。2015年から初めて50％を超えました。第三次産業の躍進は明らかです。産業構造の変化は次表と下記のグラフの通りです。

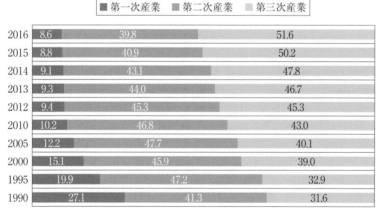

図3-1　1990～2016年国内総生産に占める各次産業の割合変化（％）
（「中国国家統計局」のデータより作成）

表 3-1　GDP 成長に産業付加価値の貢献度（%）

	GDP	第一次産業	第二次産業	第三次産業
1980-1985	100.0	26.6	37.5	35.9
1985-1990	100.0	25.9	39.9	34.2
1990-1995	100.0	16.8	49.8	33.4
1995-2000	100.0	7.3	43.9	48.8
2000-2005	100.0	8.9	49.8	41.3
2005-2010	100.0	8.4	46.2	45.4

注：貢献率は当年の価格付加価値により計算。
（「中国国家統計局」のデータより作成）

（2）1990〜2010年各次産業付加価値によるGDP成長への貢献度

　産業付加価値によるGDP成長への貢献度を次表にまとめました。第一次産業の付加価値がGDPに占める割合は1980年代初期の26.7%から2000年代の8.4%まで下がりました。第二次及び第三次産業は第一次産業の縮小した分をほぼ均等的に吸収し成長してきて、それぞれ8.7ポイントと9.5ポイントの伸びで46.2%と45.4%を占めるようになりました。第二次産業と第三次産業の経済成長に対する貢献度が高まってきました。

表 3-2　1990〜2010年の各次産業の雇用構造の変化（%）

	雇用の総計	第一次産業	第二次産業	第三次産業
1990	100.0	60.1	21.4	18.5
1995	100.0	52.2	23.0	24.8
2000	100.0	50.0	22.5	27.5
2005	100.0	44.8	23.8	31.4
2009	100.0	38.1	27.8	34.1

（「中国国家統計局」のデータより作成）

(3) 1990〜2010年の各次産業の雇用構造の変化

雇用構造は次表の通りです。ここ20年間の変化は著しく、第二次と第三次産業の労働生産性の伸び率は高く、第一次産業の同縮小とは対照的で、労働力の第一次産業から第二次及び第三次産業へのシフトが鮮明でした。第一次産業の雇用は1990年の60.1%から2009年38.1%にまで低下し、同雇用人口は3.9億人から3億人へと、21.2%の減となりました。対照的に、製造業部門などの受け入れは急速に増加し、雇用人口の割合は1990年の21.4%から27.8%まで上昇し、実際の雇用人口は1.4億人弱から2.1億人にまで増加しました。同時期に第三次産業における雇用人口の割合は18.5%から34.1%まで上昇し、同雇用人口は2倍以上増え、増加幅は第二次産業の半分以上でした。

(4) 製造業内の構造変化

製造業内の構造は製品の主要な用途によって分類すると、採掘業、消費財加工業、材料加工業、金属製造加工業、機械設備製造業、その他の工業といった6種類に大別することができます。この中で変化の著しい分野は機械設備製造業です。2000〜2009年の間、機械設備製造が製造業全体に占める割合は3ポイント上昇して30.9%に達しました。2000年以降は基本的に上昇趨

表3-3　6大産業分類に基づく工業の内部構造の変化(%)

	2000	2005	2008	2009	累計変化
工業の合計	100.0	100.0	100.0	100.0	100.0
採掘業	6.4	5.9	6.6	6.0	−0.4
消費財加工業	24.5	20.6	19.7	20.5	−4.0
材料加工業	22.9	20.5	20.4	20.5	−2.4
金属製造加工業	11.0	14.3	15.9	14.5	3.4
機械設備製造業	27.8	30.2	29.9	30.9	3.1
その他工業	7.4	8.5	7.5	7.6	0.3

(「中国国家統計局」の工業生産総額統計より作成)

勢を保ち工業全体において一位の地位を維持してきています。その上昇は消費財製造業が2000年の24.5%から2009年の20.5%まで低下した分をほぼ吸収しました。他の産業との開き（10%）が明らかです。

機械設備製造業のうち、電気機械、専用設備、電子通信設備、輸送設備等の技術及び資本集約型の産業が含まれています。これらの産業は成長が著しく、産業構造のレベルアップを牽引しています。

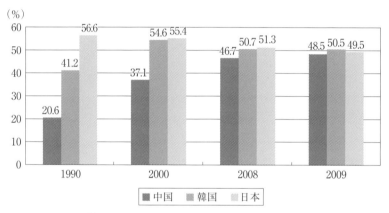

図3-2　日中韓機械・輸送機器の輸出の割合の推移（1990-2009年）
（「国務院発展研究センター」の資料より作成）

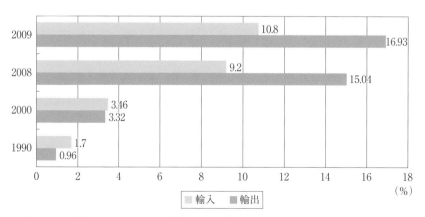

図3-3　世界に占める中国の機械・輸送機器輸出入の推移（1990-2009年）

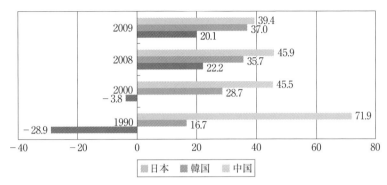

図 3-4　日中韓の機械・輸送機器の輸出競争力 1990-2009 年の変化
(「国務院発展研究センター」のデータより作成)

　1990 〜 2009 年の 20 年間にわたって中国の機械及び輸送機器の輸出が世界に占める割合をみると、その変化が一目瞭然です。1990 年には中国の割合が 20.6％しか占めませんでした、2009 年になると、2 倍以上増の 48.6％に上がりました。また、日本と韓国との差は 1990 年にはそれぞれ 20 ポイントと 30 ポイントあって、2009 年の時点になると、その差はだいぶ縮まっており、それぞれ 1 ポイントと 2 ポイントしか残っていません。また、競争力

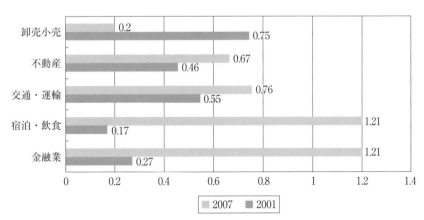

図 3-5　主要サービス業の GDP への寄与度（％）2001 年と 2007 年の比較
(「国務院発展研究センター」のデータより作成)

も1999年には-28.9％から2009年の20.1％に高められ、日本と韓国との差が縮んできました。

（5）主要サービス業の構造変化

中国では、近年都市化が進んでいます。農村から都市に移住した農民たちに都市戸籍を与えられ、二元的な社会構造の解消が図られています。しかし、これらの農民たちは工業の不振が続く中、就職先はサービス業に向かうしかないのです。「人民日報」の発表によれば、2012〜16年の間、都市部において毎年の新規雇用者数は1,300万人台を、都市部登録失業率（求職登録者数に対する失業者比率）は4〜4.1％を維持しています。その内容をセクター別に見ると、この5年間にサービス産業労働者が6,067万人増加する

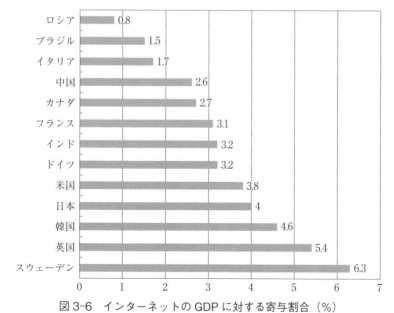

図3-6　インターネットのGDPに対する寄与割合（％）
コンサルティング会社マッキンゼー（McKinsey & Company）のインターネット・エコノミーに関する報告書（2011年5月）"Internet matters: The Net's sweeping impact on growth, jobs, and prosperity" のデータ[22]より作成

一方、第一次・二次産業労働者はそれぞれ4,277万人と891万人減少しました。また、企業タイプ別に見ると、新たな就職先を創り出したのは民営企業でした。15年末の都市部における個人経営企業、私営企業の雇用者数は12年比で38.2%、47.9%増加し、雇用全体に占める割合も19.3%、27.7%（合計47%）に増加して最大の雇用の受け皿になっています。

21世紀に入って最初の10年間においては金融、旅行、飲食、交通輸送、不動産などではその成長ぶりがGDPへの寄与を物語っています。

しかし、2000年以後、中国ではインターネット関連の分野ではその発展が目覚ましく、縮小した伝統的な卸売と小売のシェアはネット販売にシフトしていました。米国に本社を置くコンサルティング会社マッキンゼーが2011年5月に公表したインターネット・エコノミーに関する報告書"Internet matters: The Net's sweeping impact on growth, jobs, and prosperity"によれば、2009年における中国のインターネット市場のGDPへの寄与度は2.6%で、主要13カ国の中でまだ低い水準にあります（図3-6）。

とはいえ、2010年以後、中国のITとそれに関連する産業は大きく躍進し、雇用と繁栄とに広く影響をもたらすとしています。

3. IT産業の発展

中国のIT産業は外資企業の進出によって生まれました。近年、その成長が加速度的になっています。代表的な企業は華為（HUAWEI）、聯想（LENOVO）、中興（ZTE）、海尔（Haierハイアール）、方正（FOUNDER）のほかに、BATといった百度（Baiduバイドゥ）、阿里巴巴（Alibabaアリババ）、騰訊（Tencentテンセント）の3社の頭文字を取って称された企業があります。

これらの会社はインターネットビジネスにおける中国のスケールメリットの優位性を生かし、消費や流通やサービスなどそれぞれの分野において消費者の立場に立ってさまざまなサービスと商品を開発しています。

とくにアリババによる電子商取引（EC）市場とインターネットショッピングのためのプラットフォーム作りは生産、消費と流通分野での再編成を促しています。それと同時に「支付宝」（アリペイ）というモバイル端末でQRコードによる決済システムの開発はキャッシュレス化社会を加速させる起爆剤となりました。2016年の決済規模は1兆8,500億ドルに上りました。また、同年のB2C取引規模は6,810億ドルを上回り、うち71％がモバイル端末です。オンライン広告の売上は、前年比30％増の400億ドルに達しました。

アリババの事業展開の事例

アリババ社は馬雲氏（ジャック・マー）が率いる18人によって1999年設立されました。アリババドットコムからビジネスを開始します。2016年3月期にアリババグループの流通総額は4,850億ドル（約52兆円）で、売上高は157億ドル（約1兆7,000億円）です。

アリババグループは自社で直販を行わず、EC事業者やメーカーなどに商品を販売するためのプラットフォームの提供に徹しているのが特徴です。8つの主要プラットフォーム事業を行っています。①中国向けBtoCマーケットプレイス事業（(China Commerce Retail）、②中国向けBtoBマーケットプレイス事業（China Commerce Wholesale）、③海外向けBtoCマーケットプレイス事業（International Commerce Retail）、④海外向けBtoBマーケットプレイス事業（International Commerce Wholesale）、⑤クラウドなどに関するプラットフォーム開発事業（Cloud Computing and Internet Infrastructure）、⑥その他（other）、alimama.com（アリママ）、⑦支付宝（アリペイ）サービス、⑧菜鳥物流。

最近、顔識別認証支払いシステムを実用化し無人コンビニ、無人レストランに導入されています。

① 淘宝網と天猫網

2003年にオープンしたタオバオマーケットプレイス（www.taobao.com）は、中国最大のC2Cショッピングサイトです。掲載商品点数8億点以上、

会員数5億人以上のショッピングサイトで、アクセス数の多いサイトとして、世界でトップクラスに入っています。

一方、天猫Tmall（www.tmall.com）は2008年に設立された総合オンラインショッピングモールです。2011年6月に独立事業となり、2012年1月に中国語名称を「天猫」と改名しました。現在、天猫Tmallは約5万の出店者、国内外の約7万のブランドを取り扱っています。

ユニクロ、ロレアル、アディダス、P&G、ユニリーバ、ギャップ、レイバン、ナイキ、リーバイスなどのたくさんのブランドメーカーも天猫Tmall上でオフィシャルオンラインショップを運営しています。

天猫Tmallとタオバオマーケットプレイスは、2017年の11月11日に、1日の流通総額1,682億元の最高記録を達成しました。

② 「支付宝」（アリペイ）

「支付宝」（アリペイ）はオンライン決済のために作られたモバイル端末でQRコードによる決済システムです。中国国内のオンライン決済サービスで50%近いシェアを持ち、中国国内でもっとも認知度の高い決済手段となっています。

表3-4　東京大阪などで支付宝を導入する店舗

業態	企業名
百貨店	東急百貨店、近鉄百貨店、大丸松坂屋、そごう・西武、高島屋、東武百貨店
コンビニ	ローソン、セブンイレブン、ファミリーマート
家電量販店	ビックカメラ、ヤマダ電機、エディオン
ドラッグストア・ディスカウントストア	ドンキホーテ、キリン堂、杏林堂
空港	関西国際空港、成田国際空港、羽田空港、中部国際空港、
アパレル・日用雑貨	無印良品、ユニクロ、
旅行	JTB、日本ビューホテル

日本との間では、「支付宝」（アリペイ）はすでに日本の都市部や空港に続き、地方でも導入が進んでいます。日本へ観光にくる中国人旅行客が買物をする際手続の簡素化のためのものですが、日本の小売り増にもつながります。日本では現在約2万5,000店での利用が可能となっています。

③　ソフトバンクとの縁

アリババの「神話」にソフトバンクの孫正義会長が決定的な役割を果たしました。1999年4月に創業しましたが、売り上げはほぼゼロでした。しかし、転機は2000年に社長の馬雲が孫氏と約5分間面談した時に訪れました。孫氏によれば、話を聞いただけで即座に20億円の投資を決定するに至りました。この決断は後に世界投資史上に類を見ない成功例となりました。この話は後にまた紹介します。

2017年11月1日、ソフトバンクは「グループ企業のSBクラウド株式会社と協力し、中国に拠点を持つ企業を対象として、クラウドサービス「Alibaba Cloud」を販売開始する」と発表しました。また、「クラウド間の通信を実現するAlibaba Cloud専用接続サービス『Express Connect』も販売を行う」[23)]と同時発表しました。

その発表によれば、「今回ソフトバンクは、Alibaba Cloudの各種仮想サーバーサービスとExpress Connectを提供開始するほか、今後は、閉域網からAlibaba Cloudに直接ネットワークが接続できる『ダイレクトアクセス』

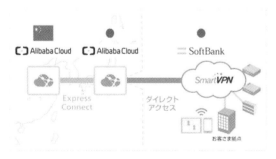

https://cloud.watch.impress.co.jp/docs/news/1089392.html より取得

の提供も予定している」24) とのことでした。

　今回の協力で「円建てでサービスを提供することにより、経理上の処理工程数も軽減できる」というメリットがあります。さらに、「SB クラウドを通じて、中国で実績のある Alibaba Cloud の IoT やビッグデータ関連サービスを充実させ、顧客企業の中国進出を支援するプラットフォームを提供」25) することもできるという一石二鳥の効果を狙っています。

　④　世界の中小企業向けのプラットフォーム作り

　アリババは世界の中小企業に中国とのビジネスの間に懸け橋となるプラットフォームをつくっています。

　2017 年 6 月アメリカ・ミシガン州デトロイトで開催されたアリババの「Gateway'17」の会場で全米各地の 1,000 人以上の小規模企業の代表の前に会長の馬雲は「アリババのプラットフォームを通じて中国へのセールスを可能にする」と約束しました。また、「中国の消費者は世界中で良質の商品を探している、とくにアメリカの製品だ」とも付け加えました。それに続いて同 9 月 25 日のトロントの会場では 3,000 人以上のカナダ中小企業の代表とカナダ首相ジャスティン・トルド（Justin Trudeau）の前で「アリババはカナダで多くの仕事を創出するのを手助けする」と馬雲が言いました。

　さらに、2016 年にマレーシアデジタルエコノミー公社（Malaysia Digital

インタビューを受ける馬雲氏

カナダの首相ジャスティン・トルドと馬雲氏

9 月 25 日のトロントの会場の入口前

Economy Corporation)との間に達成した「eWTP（Electronic World Trade Platform）自由貿易区」プロジェクトは、1年後の2017年11月3日クアラルンプールにて始動しました。馬雲は、マレーシアのナジブ・ラザク（Najib Razak）首相と共に物流倉庫、搬送用ロボットなどを見学しました。中国以外で初めてとなる「eWTP自由貿易区」には約1,900社の中小企業が入居していると報道されています。

　「eWTP」は企業主導のもと多分野から電子商取引プラットフォームに参加することで、物流ハブ、電子サービスプラットフォーム、電子決済・融資、IT人材育成を併せた機能によって、貿易による障壁を取り除き、中小企業や若い世代に必要な支援を行っていく約束の実現の一つです。

マレーシアの首相ナジブ・ラザクが公表した写真

4. 中国製造2025

　「中国製造2025」はドイツに始まった「インダストリー4.0」（第4次産業革命の波）を受け作成されたものです。それによると、工業化と情報化の結合、IT技術と製造業の促進をはじめ、工業基礎能力の強化、品質とブラン

ドの強化、環境に配慮したものづくりの推進、製造業の構造調整、サービス型製造業と生産性サービス業の発展、製造業の国際化水準の向上などが強調されており、「イノベーションによる駆動」「品質優先」「グリーン発展」「構造の最適化」「人材が中心」といった5つの方針が掲げられ、中国の製造業の主要な問題点を強く意識し、その改善と革新を狙っています。

　そもそも量的拡大を遂げた「世界の工場」には品質やブランド力に課題がたくさんあり、生産コストの上昇と生産性の上昇にアンバランスが生じる一方、付加価値率の低い労働集約型の組み立て産業が集中しているので、これらの課題と問題をまとめて解決するために、「中国製造2025」がつくり出されたバックグラウンドです。これはまたIoT時代における産業革命の波に乗っていくチャンスでもあります。

　「中国製造2025」は以下の特徴をまとめることができます。

① 　イノベーション主導の発展戦略を推進
② 　スマート製造を革新として推進
③ 　基礎技術産業を強化するプロジェクトを実施
④ 　製造業のエコ化を推進
⑤ 　ハイエンド装備製造業の進行

　中国はWTO加盟での「市場経済国」の地位がまだ認定されていない問題を背負っています。「中国製造2025」には製造業における更なる開放拡大が規定されており、ドイツ、日本、米国など主要工業国の政府や産業界との協力が待ち望まれています。とくに日本の産業高度化の経験や伝統的な技術やノウハウは「中国製造2025」の実施に大いに活用することができます。日本産業界の積極的な対応が期待されています。

第4章
中国の企業

　中国経済発展の概略部分では中国には3種類の企業があると前掲で述べました。1. 国有企業、2. 外資企業、3. 郷鎮企業（後に民営企業）です。

1. 国有企業

　かつては国営企業と呼ばれていましたが、所有と経営の分離を定めた1992年以降、国有企業と言われるようになりました。国有企業の改革はまだ現在進行形です。
　「抓大放小」（基幹産業は国家が所有、中小企業は民営化）は改革の一環で、政策により整理統合で残された企業（金融サービス、郵政、鉄道サービスなどを除く）は、所有と経営の分離で出資者（株主）としての代表である中央と地方の国有資産監督管理委員会に集約されます。企業制度改革や株式化改革による上場、海外や民間の戦略投資家の迎え入れによりコーポレートガバナンス強化や収益性向上・競争力強化が図られています。特に、「政企分離」（政府と企業の分離）「政府機能と資産管理機能の分離」「経営と所有の分離」が進められてきています。
　「抓大」した結果、国有企業が中央企業（「央企」）のため、資本規制で形成された、自社の努力によって強い競争力を獲得した企業ではなく、行政的な手段で経営資源を「独占」し「独占的な」地位を占めて規模を大きくしただけです。

しかし、これらの国有企業が近年世界企業の長者番付に現れています。米国「フォーチュン」誌は、毎年世界企業の売上高に基づく「フォーチュン・グローバル500」というランキングを発表していますが、1996年に中国企業は2社しかランクインしていなかったものの、2001年のWTO加盟後、ランクインする企業が増え続け、近年増加のペースが速まってきています。2012年では、中国は、世界大企業トップ10に3社（5位、6位、7位）、2017年では1位の米ウォルマート（売上高は約4,858億ドル（約53兆円））を除いて、2位に中国国家電網（ステートグリッド）、3位に中国石油化工集団（シノペック）、4位に中国石油天然気集団と、中国企業が続きます。上位50社には中国企業が11社ランクインしています。

表4-1 「フォーチュン・グローバル500」による上位50社（2017年）

世界順位	会社名	業種・事業など	国	売上高（百万ドル）
1	ウォルマート	小売	アメリカ	485,873
2	国家電網（ステートグリッド）	電力配送	中国	315,199
3	中国石油化工集団（シノペック）	石油	中国	267,518
4	中国石油天然気集団	石油	中国	262,573
5	トヨタ自動車	自動車	日本	254,694
6	フォルクスワーゲン	自動車	ドイツ	240,264
7	ロイヤル・ダッチ・シェル	石油	オランダ	240,033
8	バークシャー・ハサウェイ	投資	アメリカ	223,604
9	アップル	コンピュータ	アメリカ	215,639
10	エクソン・モービル	石油	アメリカ	205,004
11	マッケソン	ヘルスケア	アメリカ	198,533
12	BP	石油	イギリス	186,606
13	ユナイテッドヘルス・グループ	ヘルスケア	アメリカ	184,840
14	CVSヘルス	薬局・ヘルスケア	アメリカ	177,526
15	サムスン電子	電機	韓国	173,957
16	グレンコア	商品取引	スイス	173,883
17	ダイムラー	自動車	ドイツ	169,483

18	ゼネラルモーターズ（GM）	自動車	アメリカ	166,380
19	AT&T	通信	アメリカ	163,786
20	エクソールグループ	投資	オランダ	154,894
21	フォード・モーター	自動車	アメリカ	151,800
22	中国工商銀行	銀行	中国	147,675
23	アメリソース・バーゲン	医薬品卸売	アメリカ	146,850
24	中国建築工程	建設	中国	144,505
25	アクサ	保険・金融	フランス	143,722
26	アマゾン・ドット・コム	小売	アメリカ	135,987
27	鴻海精密工業	電子機器製造	台湾	135,129
28	中国建設銀行	銀行	中国	135,093
29	本田技研工業	自動車	日本	129,198
30	トタル	石油	フランス	127,925
31	ゼネラル・エレクトリック（GE）	電機・機械	アメリカ	126,661
32	ベライゾン	通信	アメリカ	125,980
33	日本郵政	郵便・金融	日本	122,990
34	アリアンツ	保険	ドイツ	122,196
35	カーディナルヘルス	ヘルスケア	アメリカ	121,546
36	コストコ	小売	アメリカ	118,719
37	ウォルグリーンズ・ブーツ・アライアンス	薬局・ヘルスケア	アメリカ	117,351
38	中国農業銀行	銀行	中国	117,275
39	中国平安保険	保険	中国	116,581
40	クローガー	小売	アメリカ	115,337
41	上海汽車工業	自動車	中国	113,861
42	中国銀行	銀行	中国	113,708
43	BNPパリバ	銀行	フランス	109,026
44	日産自動車	自動車	日本	108,164
45	シェブロン	石油	アメリカ	107,567
46	ファニー・メイ	金融	アメリカ	107,162
47	中国移動通信	通信	中国	107,117
48	JPモルガン・チェース	金融	アメリカ	105,486
49	リーガル・アンド・ゼネラル	金融	イギリス	105,235
50	日本電信電話（NTT）	通信	日本	105,128

（Fortune Global 500（2017）より作成）

また中国中信集団公司（CITIC、「中信集団」）の例を取り上げます。「中国国際信託投資公司」として、国家出資した50万元の資本金でスタートした同社は、現在、金融、エネルギー、不動産、小売、出版などの事業を展開する中国を代表する国有複合企業です。

2014年5月、香港に中核子会社中信泰富有限公司（CITIC pacific、「中信泰富」）を上場させました。同年9月、グループ企業の株式を中信泰富に集約し、同社を中国中信集団有限公司（CITIC Ltd、「中国中信」）と改名し、全体上場（中国語で「整体上市」）を果たしました。

2015年1月、伊藤忠商事とタイの華僑系財閥チャロン・ポカパン・グループとの資本・業務提携（日本企業の対中進出の節で紹介）で合意しました。大型国有企業として初めて非上場の中間持ち株会社を廃し、グループ全体の上場を実現するという先駆的な試みを行いました。国有企業の混合所有制改革における「先行先試」でした。

2. 外資企業

外国企業が中国に進出する際、投資形態には大きく分けて次の3つがあります。

① 合弁企業（中外合資経営企業）
② 合作企業（中外合作経営企業）
③ 外資企業（100％投資企業または独資企業）

上記3種の企業は、中国語で「三資企業」と略称されます。それぞれ中外合資経営企業法、中外合作経営企業法と外資企業法に依拠して生産・経営を行います。いずれの企業も中国法人または中国企業となります。通称「外資企業」です。

(1) 中国を生産基地とみなす外資企業（1979～2000）

　改革開放初期（1979年）から1997年のアジア通貨危機までの間に中国に進出していた外資企業は中国の安価な労働力市場を目当てに投資する面が大きいですが、中国に雇用、生産、技術、管理、さらに輸出には多大な貢献をしました。

　日系企業の例でみます。

　この20年間では日本の対中投資にはブームが2回見られました。

　一回目は、1980年代後半、日本経済がバブルで活況となっている中、円高進行を背景として、中国の安価な労働力を求めて、繊維・雑貨・食品加工業などの企業が中国に進出した時期です。この時期は、深圳などの経済特区や日本語を話せる人材が多い大連などの中国沿岸部に進出が集中しました。

　その後、1989年の天安門事件後にはいったんは外資企業の中国からの撤退が起こりましたが、1992年年初の鄧小平氏の南巡講話により、中国での外資誘致や市場経済化が再び加速し、広東省などの華南地域を中心に2回目の投資ブームが起き、日本企業も電気産業や機械産業の企業において、生産拠点としての中国子会社設立が進みました（図4-1、4-2を参照）。この時

図4-1　海外直接投資の受入（件数と金額）
（「外商投資指南」より作成）

期は、安価で良質な労働力の獲得を目指しての、製造メーカーの大量進出の時期であったといえます。

（2） 中国を市場とみなす外資企業（2001以後）

中国のWTO加盟後に外資企業は中国を市場とみなす投資が増えてきました。

日本企業もWTO加盟による中国の市場開放、経済自由化を見据えて、中国の消費者市場も意識しながらの進出拡大となりました。日系企業の大手自動車メーカーが中国に本格的な生産工場を設立し、現地生産を開始したのもこのころです。例えば、ホンダは広州で1999年ごろから、トヨタは2002年に天津で現地生産を本格化させました。また、トヨタ、ホンダ、日産などの完成車メーカーとともに、そのサプライヤーであるデンソーやアイシンなどの部品メーカーや多くの二次下請け、三次下請け企業も、ほぼ時を同じくして中国での現地生産を本格化させました。

製造業とともにサービス業向けの投資が際立っています。日、米、欧などの非製造業企業、とくに小売大手がこぞって中国に進出しつづけました。フランスのカルフール（Carrefuour）とグループ・オーシャン（Groupe Auchan）、日本のイトーヨーカ堂とジャスコ、ドイツのメトロ（Metro）、アメリカのウォルマート（Wal-Mart）などがその代表となっています。

21世紀に入ってからコンビニエンスストア（ローソン、ファミリーマートなど）やホームセンターなどの建材・家具専門店（IKEAなど）も相次いで進出しています。また、「ジャスコ」から「イオングループ」に変身した、中国名の「永旺」といった「イオングループ中国本社」（2011年末）が中国の沿海地域、広東省、江蘇省、山東省、北京などにGMS36店舗、SM14店舗、コンビニエンスストア40店舗のほか、ディベロッパー事業、総合金融事業、サービス業、専門店事業などのグループ各社を一体化し、さらなる事業拡大を図っています[26]。

(3) 日系企業の投資動向

　日本企業の対中投資には4回のブームがありました。前述した1980年代後半ごろ1回目のブーム、1992年以後、アジア通貨危機前後までの2回目、そして中国のWTO加盟後の3回目と2012年の領土問題が起きるまでの4回目でした。その後、多くの日本企業が中国ビジネスへの取り組みに慎重になりました。すでに中国市場で成功を遂げている企業はリスクが存在するのを前提としながら、中国国内市場を確保しながら、東南アジアに「チャイナ＋1」戦略を出しました。

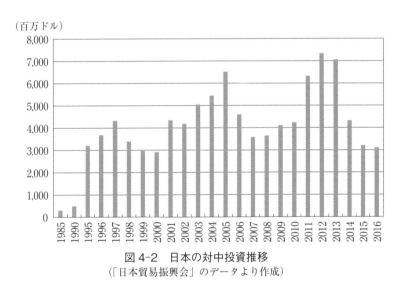

図4-2　日本の対中投資推移
(「日本貿易振興会」のデータより作成)

　このような流れの中で、日本企業の対中投資の内容が大きく変化してきています。中国の安い労働力を目的とした投資から、世界一の巨大な消費市場ととらえた非製造業の比率が上昇し、中でも卸売・小売業と金融・保険業の中国本格進出に変わってきています。イオングループ、イトーヨーカ堂、セブンイレブン、ユニクロなどの一般消費者をターゲットにした企業が本格的に中国に進出するケースがその典型例です。

　さらに過去最大の対中投資に2015年における伊藤忠による中国のCITIC

への出資（6,000億円）がありました。タイのCPグループと折半出資でCITICの株式の約20％を取得してCITICに資本参加しています。

CITICはすでに紹介したように中国の改革開放後の第一号の中国政府が出資（50万元）した信託会社です。いまは証券会社、銀行、世界首位のアルミホイール製造、中国首位の建材製造機器、特殊鋼製造などのメーカー、さらに建設や資源、不動産、ITなどの企業を抱える、中国最大の複合企業です。2015年度決算では、売上高が円換算で約5兆4,600億円、連結純利益は約5,500億円、連結総資産は約89兆円で、従業員数は約13万人を数えます。

一方、CPグループ（Charoen Pokphand Group Company Limited）はタイの華僑企業グループで、現在では、5兆円の売上高、従業員数約30万人、世界17カ国で事業を展開するタイ最大、アジア有数のコングロマリットです。中でも中核の飼料事業は、世界最大級の事業規模を誇ります。改革開放策が打ち出されたと同時（1979年）に中国に進出し農畜産品をはじめとする事業（養鶏、飼料など）を手掛け「正大集団」として中国全国で、広く認知される中国最大の外資系企業集団に成長しており、中国政府や顧客の信頼と豊富な人脈（「関係」）も築き上げています。事業規模は中国の末端行政都市まで届いています。筆者がかつて江蘇省淮安市に飼料生産工場を経営したとき、同市にある「正大集団」の生産工場から仕入れをしていました。

3社の目指すところは14億の人口を抱える中国、その「衣・食・住」といった生活消費関連分野です。また成長の著しい東南アジアもターゲットとしています。

3. 郷鎮企業

1996年10月の「中華人民共和国郷鎮企業法」の定義によれば、農村の集団経済組織、および農民個人が主として投資して郷鎮や村が起こした農村支援義務を負う企業は郷鎮企業と言います。当初、郷鎮企業は郷（村）や

鎮（町）の共同所有形態に限定されていました。しかし1984年に個人企業・私営企業もカバーされて、現在に至っています。ここで所有形態は私有ですが、従業員7人以下を個人企業、8人以上を私営企業、両者を合わせて民営企業と呼んでいます。インターネット産業の勃興につれて、IT産業では新しいベンチャー企業が雨後の筍のように次々と設立されている中で、現在で

図4-3　郷鎮企業の生産高とGDPに占める割合

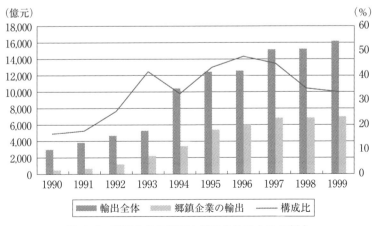

図4-4　郷鎮企業の輸出と輸出全体に占める割合

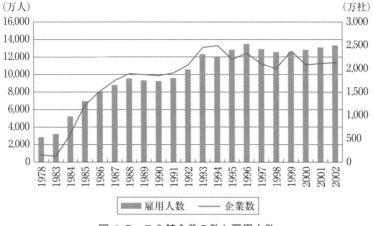

図 4-5　こう鎮企業の数と雇用人数

は、郷鎮企業という言い方は今は使わず、民営企業という呼び方に統一されています。

ただし改革開放後に郷鎮企業が急速に発展し、とくに 1990 年代にはその生産シェアが飛躍的に拡大していた時期でもありました。1980 年代後半から中国経済成長の最大の牽引車になり、1996 年時点では、郷鎮企業全体の従業員の数は国有企業を 50％ほど上回って 1.35 億人に達していた時期もありました。したがって、中国の企業を述べる際、郷鎮企業という存在を抜きでは語られません。

郷鎮企業の中に巨大に発展していった企業グループがたくさんあります。多くの分野にわたっていますが、代表的 2 社を取り上げます。吉利汽車（ジーリー、Geely Automobile、）と万向集団です。

「吉利汽車」は創業の千辛万苦を経て民間企業に制限された自動車産業に果敢に参入し、2010 年にフォード社からボルボ車を 15 億ドルで買収したまでに発展を遂げています。最近、新型のセダンと SUV を開発し 2017 年上半期に合計で 53 万 627 台の自動車を販売しました。その大半は中国向けでした。売上の伸びは前年同期比で 89％の増で、上半期の売上は 394 億人民

元（約 6,600 億円）に達しました。

　最近、話題を呼んでいるのは吉利が「空飛ぶクルマ」の開発を進める米ベンチャー「テラフージア（Terrfugia)」を買収したことです。格納式の翼で空も飛べる自動車を 2019 年に発売し、23 年には垂直離着陸が可能なモデルの実用化を目指しているそうです。

　一方、万向集団（浙江省杭州）は創設者の魯冠球氏が 4,000 元で村の農機修理工場を設立して以来、自動車部品に特化して生産をして中国最大の自動車部品メーカーに成長しています。2014 年に経営破綻した米フィスカー・オートモティブを買収して以来[27]、中国での新型車生産計画を進めてきました。中国で電気自動車（EV）の生産許可を取得済みでエコカーへのシフトを急いでいます。完成車と部品の生産設備や研究開発に今後 10 年で 2 千億元（約 3 兆 6,000 億円）を投じる方針です。

第5章
巨大な消費市場

　中国の消費市場は拡大しています。中国の消費需要は、所得水準の上昇に伴い、拡大傾向をたどるとみられます。大都市では、消費のパターンがもはや先進国と大差がない程です。車にしても、家電製品にしても、中産階級ほどいいものを追求しています。また、差別化されたユニークなモノ・コト、質の高いモノが売れる時代が到来しています。一方、農村でも、所得が着実に上がっています。自家用車、家電製品などは必須のものになりつつ、子供の教育への投資まで重要視されているぐらいです。

　都市と農村を合わせた14億人に上る消費人口を考えると、最上級のモノを消費する人間もいれば、最も実用的なモノを買う人もいる社会が現れてきています。

1. 消費市場の巨大化

　2016年の国民経済と社会発展統計によれば、2012年には全国の小売り総額は21兆4,433億元でしたが、2016年には33兆2,316億元になり、5年間の平均増加率は11.1％に達しています。

　2016年における都市部での小売りは28兆5,814億元で、前年比10.4％増、農村部では4兆6,503億元で、前年比10.9％増でした。オンライン販売はもっとも成長の速い分野となっています。2016年には5兆1,556億元に達し対前年比26.2％増となっています。都市部と農村部の合計（33兆2,317億元）に

第 5 章　巨大な消費市場　73

図 5-1　2012-2016 年小売業販売額
(「2016 年国民経済と社会発展統計」より作成)

12.6％を占めています。また、オンライン販売には対前年比で伸び率が高いのは生活用品類の 28.8％、食品 28.5％、衣類 18.1％の順です。

　中国の消費市場規模はすでにアメリカに次ぎ世界第 2 位にまで拡大しています。しかも、毎年 10％以上の伸び率で成長します。乗用車や家電製品などのようなものは 2010 〜 2016 年の間に毎年 10％以内の伸び率ですが、オンライン販売（消費）はこれから中国経済の成長の牽引車になる可能性は十分あります。

　また、越境 EC によるショッピングは、都市も農村も関係ないので、「アリペイ」や「WeChat ペイ」といったスマホ端末決済手段が中国で普及している現状を考えると、これから越境 EC による日常用品・日本商品を買う傾向は増大の一途をたどるでしょう。

　日本企業にとっても、アイディア商品を開発する日本中小企業や個人にとっても大きなチャンスになります。

2. モバイル決済にもたらされる新しい消費スタイル

　21世紀に入って以後、中国のインターネット産業が爆発的な発展を遂げて、インターネットの普及とともにユーザー人口は2016年時点で8億人を超えました。

　人々はすでにデジタル技術の世界に溶け込んでおり、デジタル技術は生活の一部分となっています。モバイル決済は生活の便利さ、効率的につながると同時に、新しい消費スタイルをもたらそうとしています。

　アリペイはオンライン・ショッピング決済の先駆けですが、テンセントは「late-comer」です。しかし、SNS向けのアプリ「QQ」と「WeChat」の両サイドで8億以上のユーザーを抱えているテンセントは、チャットしながら決済できる「WeChatペイ」を開発し、たちまちユーザーを獲得でき、最近2、3年の間アリペイを猛追しています。

「WeChatペイ」は、WeChat決済サービスを利用すれば携帯電話代金や公共料金の支払いはもちろん、航空券や電車、映画を予約することもでき、カラオケの予約まで入れられるのです。それに「電話」を切らずに友人の意見を聞きながら、モノを買うかを決定する機能も備えています。

　前節では2016年におけるオンライン販売（5兆1,556億元、約80兆円、@15.5）が前年より26.2％増という勢い、とくに農村部での伸びが高いことがわかりました。この販売金額はオンライン決済金額を指しています。

　オンライン決済はこんな短期間で普及できたのは、導入のハードルが低い上、スマホ決済の便利さのおかげです。QRコードを生かして、便利な決済システムが開発されたからです。個人間送金における相手のアカウントの

表 5-1　決算金額でみる「WeChat ペイ」の成長

名前	テンセント（Tencent、騰訊）	アリババ（alibaba、阿里巴巴）
	WeChat ペイ（微信支付）	アリペイ（支付宝）
ユーザー数	8.3 億人	4 億人
用途	小売店での使用がメイン。 オンライン・ショッピング、振込、貯金、公共費用の支払い	オンライン・ショッピングでの使用がメイン。 小売店での使用振込、貯金、公共費用の支払い
支払い金額に基づいた市場シェア		
2014 年	8%	79%
2015 年	21%	68%
2016 年	38%	50%

　QR コードを読み取って指定の金額を送金するという仕組みをそのまま店舗決済へと適用した発想です。つまり同じ送金サービスのアカウントさえあれば誰でもどんな店舗でも投資や特別な審査なしに利用できる利便性です。アリペイと WeChat ペイの送金手数料は、個人や小規模な店舗であればほぼ無料に近く、利用のハードルが非常に低いことも挙げられます。また、両社はインターネットの大手企業で、サービス手数料収入よりもユーザーの行動データやマーケティングデータ収集に主眼を置いています。

　大勢が使えば使うほど便利になるという傾向があります。しかも現金を扱わないので釣り銭の支払いもなく処理がスムーズにできます。特に行列になりやすい商店ほど利用が進んでいます。

（1）滴滴出行（Dīdīchūxíng）の配車サービス

　「支付宝」（アリペイ）とテンセントの「微信支付」（WeChat ペイ）といったモバイル決済の普及に「シェアリングエコノミー」と呼ばれる市場の急成長も一役買っています。「滴滴出行」の配車サービスはその一例です。

　「滴滴出行」の配車サービスは一言でいうと、アメリカの大手配車サービスサイトウーバー（Uber）の中国版です。2012 年 6 月に設立され、2013

年4月にテンセント社から1,500万ドルの融資を受けて「WeChatペイ」を導入した後、同年9月に「中信産業基金」から6,000万ドル、テンセント社から3,000万ドルとその他から1,000万ドル、合わせて1億ドルの融資を受けました。急成長の軌道に乗せました。「WeChatペイ」で決済をする場合、即座に10元安くしてくれること、2014年春節の前後、「滴滴」が迅速に対応したため、ユーザーが2,200万人から1億人まで拡大し、一日の乗車回数は35万から521万回以上に上りました。全国最大の配車サービス・プラットフォームとなりました。2016年5月13日にアップル社から10億ドルの投資を受けました。同5月23日のニュースリリースで「一日の乗車回数は1,000万回を突破した」と発表されました。さらに6月13日に「中国人寿」（生命保険会社）から6億ドルの戦略投資を受けました。一連の投融資で「滴滴」は2016年6月、合わせて45億ドルの資金調達を終了しました。Apple社、「中国人寿」（保険会社）とアリババグループホールディングスの金融子会社「蚂蚁金服」（アント・フィナンシャル）といった戦略投資家を迎えました。民間企業による世界最大の資金調達となりました。同年8月1日、「滴滴」がウーバー（Uber）の中国事業を350億ドルで買収したと発表しました。この買収について同社はニュースリリースの中で「中国のライドシェア（相乗り）業界の発展における新段階への転機となる取引だ」とコメントしました。

　2015年の「滴滴」のプラットフォームの合計乗車回数が14億3,000万回を達成したことに加え、2016年には日常的に「滴滴」のプラットフォームで乗車回数2,000万回以上あるという実績の下で、2017年3月28日、ソフトバンクが1,000億ドルをソフトバンク・ビジョン・ファンドから拠出し「滴滴」の自動運転技術を後押しするとウォールストリート・ジャーナル紙は報じました。

（2）自転車シェアリング

　自転車シェアリングが正式に登場したのは5年前でした。そもそも一人での外出の「最後の1キロ」の問題を解決するために作り出されたサービスです。中国では、自宅や勤め先から地下鉄やバス停などまでの距離は遠くて、歩いて時間がかかるのは全国の普遍的な問題となっています。これが「最後の1キロ」の問題の由来です。この問題を解決すると、自家用車で通勤することによる交通渋滞の解消や二酸化炭素の排出を削減することもできるから、自転車シェアリングは一気に広がる理由となりました。

　地下鉄用の交通プリペードカード、または市民カードを使って1時間以内の利用は無料ですが、住宅団地、バス停、地下鉄入口、スーパーなどのところにしか置かれていないとか、しかも朝の通勤時間帯では、住宅団地の駐輪場にはシェア自転車は一台もないとか、逆に午後5時以後になると、勤務先の周辺にはシェア自転車がないとか、また、観光客にとっては利用しにくいことも事実です。それに、プリペードカードを先に買わなければならないことに、それが使い切れなかった場合、リファンドが面倒なことも問題です。

　そこで登場したのは全国規模のスマホ決済方式の自転車シェアリングです。市民向けのカード方式制度より進んでいるところは、専用の置き場で自転車を借りて、専用の置き場に返さなくていい、つまり、好きなところに乗って行って、そこで乗り捨てればいいことです。アリペイとWeChatペイによるモバイル決済が可能だということは利便性がさらに上がります。観光客にとっても使いやすく、それであっという間にすっかり中国の都市生活に浸透しました。

　自転車シェアリング大手のofo社の例をみると、最大の特徴はQRコードを用いて解錠・施錠ができ、スマホ決済システムによる支払いに、好きなところで探し出して乗り捨て放題、ということです。ofo社（ほかの会社も同じ）はこのサービスを一気に全国的に広げられたのは、スマホ決済システムでデポジット（預り金）を支払う前提下で実現したことです。制度的にはプリペードカード方式とはあまり変わりがありません。もともと自転車が1

プリペードカード方式 シェアリング自転車	スマホ決済方式シェアリング自転車
  借りるときでも、返すときでもカードをかざすだけで解錠・施錠 2012年7月28日蘇州で筆者が利用した当時の撮影	   どんな場所でも原則的に乗り捨て可能 利用料金＝1時間10円以下～ https://jingyan.baidu.com/album/3d69c5514d21bcf0ce02d74c.html より取得 ofo車の例： スタンドのない駐輪方式 ① 事前登録 ② QRコードを読み込み → 解錠 ③ すぐに乗ることができます。 ④ 目的地に到着して自転車を返却する。アプリを起動して「自転車を返却する」というボタンを押せば、料金が清算され、自転車をロックして道の端っこに並べて置く。

台200元程度で買えるものですから、ofo社の自転車シェアリングに登録して、デポジットとして200元を支払うことは自転車を1台買うのと何の変わりもありません。しかし、この自分の出費した自転車はほかの登録者も利用できます。ということは経営者側からみれば、資金の力（融資力）にスピーディーに全国的に展開できればできるほど勝ちやすいのです。スケールメリットが働いています。ofo社の創設者は2014年に北京大学を卒業した戴威氏ですが、「滴滴」のようにたちまち戦略投資家が集まってきました。中国電信、華為（HUAWEI）、「蚂蚁金服」（アント・フィナンシャル）といった大手企業・会社が投資者の列に入りました。2017年10月時点では7.5億ドル以上の投資を受け入れたと報じられています。また、シリコンバレー、ロンドンなどに進出する予定となっています。

　2017年中国の自転車シェアリング市場規模は2016年より倍増し、売上は1億元（約16億円）、2020年まで2億元（約32億円）を超えると予測されています。一方、自転車の投入は大都市に集中しており、全体の7割を占めています。利用者は20代と30代に集中している傾向です（図5-2と図5-3）。ほかの年代と比べ、大都市に住んでいる20代と30代の中国人は新しいサー

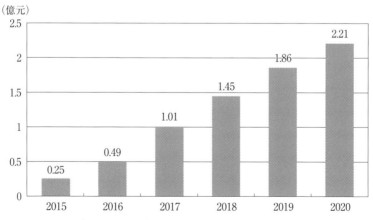

図5-2　中国における自転車シェアリングサービス市場規模
（速途研究院『2016年共享単車市場報告』より）

ビスに興味や関心が高いようです。

しかし、好きなところに乗って行って、そこで乗り捨てればいいことは利用者にとってとても便利ですが、その便利さの裏側では、膨大な数の自転車が路上に放置され、通行の邪魔になるばかりでなく、視覚障害者用の点字ブロックや消火栓への通路をふさぐなどの問題が起きています。

上記にこの自転車シェアリング・ビジネスの「やりやすさ」に触れました。この「やりやすさ」の裏側には「失敗しやすさ」があります。2017年9月時点ですでに70社近くがこのビジネスに参入し、激しい「自転車バラマキ合戦」を繰り広げました。大都市に配置された自転車は1,600万台以上になりました。「自転車バラマキ合戦」で負けた南京の若手参入者は「このビジネスの成功のカギはカネだ」と漏らしました。

（3）シェアリングエコノミー

シェアリングエコノミーの中国語は「共享経済」です。中国では「共享経済」が急速に広げられています。この流れをキャッチするために、国家商務部が2014年に「中国電子商務研究中心」（EC取引研究センター）を設立しました。その研究センターの「2016年度中国『共享経済』発展報告」によれば、2016年の中国における「共享経済」市場規模は3兆9,450億元（61兆1475億円、@15.5）、に達し、前年比76.4％増となりました。それに関連するサービスを提供した人数は6,000万人に達し、前年比1,000万人増でした。また、「共享経済」のプラットフォームで就職している人数は585万人で、前年比85万人増でした。

2016年における共享経済の特徴は次の通りです。

① 交通分野における最大の融資額は「滴滴出行」向けの45億ドルです。ネットで予約した乗車人数は1.68億人に達し、2016年の上半期より4616万人増で、増加率は37.9％でした。その他に10社の配車サービスプラットフォームに融資された金額は3億1,000万元に上りました。

② シェアリング自転車分野では、ofo社が合わせて5回の融資を受けま

した。シェアリング自転車の規模は 10 倍に拡大しました。
③　物流分野では、C2C 衆包物流人人快逓（速達）は 5,000 万ドルの融資を受けました。
④　全国の共同融資分野（衆籌）では、224.78 億元の融資を達成し、前年比 1.97 倍の増となり、2014 年よりは 10.42 倍増でした。共同融資の累積融資金額は 363.95 億元となりました。
⑤　観光分野では、民泊などの住宅・宿泊シェアリングの市場規模は 89.4 億元に達し、前年比 80.6％増となりました。
⑥　出前サービス（外売市場）は爆発的に発展し、取引額は約 1,524 億元に達し、前年の 459 億元より 232％増でした。

シェアリングエコノミーの急速展開は物流シェアリング（物流共享）をも促進しています。物流シェアリングとは、物流資源を共有するという理念のもとで、物流システムにおける資源配置の最適化をはかり、そのシステムの効率を高めると同時にコストを下げ、物流システムの改革を推し進めるモデル作りのことです。

地域間、業種間、企業間の壁を打ち破り、各分野で能力のある企業や個人の間において業務上の提携やイノベーションを促進することはこの物流シェアリング（物流共享）の狙いです。

シェアリングエコノミーはまたシェアリング金融（共享金融）をも生み出しました。シェアリング金融は資金の最適配置を満たすために生まれたもので、2 タイプがあります。

①　大衆募金分野：「衆籌」の文字通りの意味によれば、一人ひとりの力を借りて大衆のためにサービスを提供することです。募金して投資した分野は IT ハードウェア、エンターテインメント番組、映像図書、公益サービスにわたって 10 チャンネル以上、4,000 以上の項目を低価格でサービスを提供しています。
②　P2P ネット金融分野：代表的プラットフォームは「拍拍貸」です。安全、透明、効率を理念にして個人の貸し借りを規範化します。借金者に

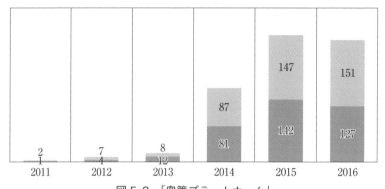

図5-3 「衆籌プラットホーム」
(「衆籌業発展報告書2017(上)」http://www.zhongchoujia.com/data/29029.html より取得し作成)

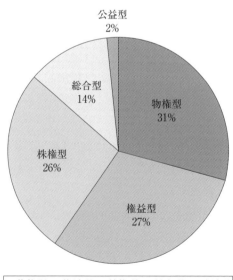

図5-4 衆籌プラットホームの分類
(「衆籌業発展報告書2017(上)」 http://www.zhongchoujia.com/data/29029.html より取得し作成)

は生活の改善をもたらし、貸出者には投資のルートを増やすことに目的があります。

また、シェアリング住宅があります。

シェアリング住宅には3種類があります。

① C2C開放的プラットフォーム方式、Airbnbに似ているタイプ、すなわち、正式なホテルなどの宿泊施設ではなく、世界各国の現地の人たちが、自宅などを宿泊施設として提供するインターネット上のサービスで、個人対個人のことです。

② B2C開放的プラットフォーム方式。宿泊施設はプラットフォームが管理を統一し、内装も統一します。家賃はプラットフォームと大家との間で一定の割合で分け合うタイプです。

③ 所有権共有＋住まいチェンジ・シェアリング。この方式は所有権を分け合って共有することです。「我享度假」(Weshare) 社が作り出した新しい方式です。休暇を享受すると同時に、療養、エンターテインメントなどバカンスに含まれているサービスを全部含むことで、異なる分野での所有権を出し合って共有することによって、バカンスに関連するすべての分野を楽しむことができるメリットがあります。とくに遊休している施設などを効率的に使うこと、バカンスの内容を充実し、会員のコストを下げる、個々の家庭に最高かつリラックスのできる休暇を楽しませる方式です。

さらに、飲食シェアリング（共享餐飲）が現れてきています。それには3タイプがあります。

① キッチン＋出前サービス

家庭の主婦（夫）はまず、コックの資格を申請します。プラットフォームに自分の店舗とメニューを公表します。お客さんからオーダーを受けてから料理をつくます。できた料理をプラットフォーム、あるいは物流会社を通して出前サービスによってお客さんに届けられます。

② キッチン＋食堂

　このタイプは家庭のグルメパーティに似ています。コックたちはプラットフォームでグルメ、予約時間と一人当たりの料金などを公表し、客を招きます。

③ グルメメニュー共有

　このタイプはまだ正式に登場していません。しかし、有望です。「下厨房」（キッチンに入る）はインターネット上に一軒目の家庭グルメエントリーです。食材と食品の提供、厨房用品の購入とメニュー探しおよびその移動シェアリングのことです。2016年8月時点で60万以上のオリジナルのメニュー、2,000万グルメ作品が「下厨房」にアップロードされました。

　このシェアリングエコノミーが爆発的に成長している現状の背後には中国政府の「インターネット＋」という国策があり、李克強総理が提起した「万衆創業・万衆創新」（大衆による起業・大衆によるイノベーション）という国民への呼びかけがあるからです。高度成長から安定成長へ、構造調整による質的向上へ、イノベーション駆動型へという大前提の下で電子商取引の発展を見据えて経済発展のパターン、ビジネスモデルのチェンジ、ひいては中国市場経済体制の完全樹立への移行を目的としています。

　インターネットの活用とスマホの普及は大学生から老人までがシェアリングエコノミーへの参入を可能にしています。

　また、スマホとシェアリングエコノミーの相性は抜群に良いこと、中国人は他人が提供する製品・サービスの利用に意欲的で、他人の物を共有するのにあまり抵抗はないということもシェアリングエコノミーの急成長に一役買っています。

3. キャッシュレス化社会への進行

モバイル決済はスマホを使った、現金以外の手法による決済のことです。小売りの決済分野まで普及が進んでいます。このことはキャッシュレス化社会への進行に決定的な要因となっています。

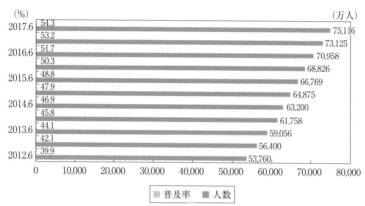

図 5-5　インターネットの普及率
（「中国インターネット情報センター」（CNNIC）のデータにより作成）

2017年6月末の時点で中国のモバイルインターネットユーザーは7億2,400万人に達していると「第40回中国インターネット発展状況統計報告（2017年7月）」が公表しています。中国人口は14億なので、二人に一人がモバイル・インターネットを使っていることになります。シェアリングエコノミーで見たように配車サービス、自転車シェアリング、住宅シェアリング、金融シェアリング、物流シェアリング、飲食シェアリングなどがこれほど急成長ができたのはモバイル・インターネットを活用できるハード的インフラであるスマホ、そしてソフト的インフラであるモバイル決済システムが存在しているからです。

QRコード：アリペイ、WeChatペイ

焼芋売りでも、QRコードをレジとしてハンドルにぶら下げて、顧客のスマホに読み取ってもらうことで代金が受け取れる仕組み

「百度画像」より取得

　人間は誰でも利便性のある生活を追求するので、もともとの不便な生活に便利なサービスが導入されると、あっという間に利用者が殺到するのは当たり前なことです。日常生活に伴うすべてのサービスがアプリに集中され、スマホにまとめられると、生活がますます便利になり、コストが下がるにつれて、アプリがどんどん開発されます。投資も自然に伴ってきます。先進的な技術が導入され、異なる分野、異なる地域での協力、協業が実現されます。となると、遅れた地域、交通不便な地域ほど生活の改善が明らかになります。これは農村部のモバイル決済の成長率でわかることです。そのなかでチベットが最も高い成長率を見せています。

　2014年からアリババは農村部に「農村淘宝サービスセンター」を開設し、EC利用に不慣れな農村の住民に対し、係員がその場でサポートしながらオンライン・ショッピングやチャットでの問い合わせができるというセンターを作り、現在12,000以上の村に設置されています。買物や公共料金など、日常の支払いのほとんどが銀行口座と連動するスマホが1台あれば、事足りることになります。

　さらに最近、「顔認証決済」サービスが登場しました。昨今では浙江省杭州市で無人のコンビニにつづき、最近、無人レストランが現れてきました。注文から支払いまで「店員不要」となっています。テーブルが巨大なディスプレーとなり、料理が出てくるまでの間にインターネットにアクセスしたり、ゲームをしたりすることもできます。当然、人工サービスを指定してもよいのです。2017年11月23日にテレビ朝日も特別番組として報道しまし

た。

　開発者はアリババです。これまでは「支付宝」(アリババ) か「微信支付」(テンセント) のどちらでも支払は可能でしたが、顔認証決済サービスによって、もっと便利になり、スマホさえ要らなくなりました。手ぶらで飲食ができ、「顔」はカネになり決済の手法となります。もっか、杭州市内のケンタッキー・フライド・チキン (KFC) に導入済みです。

店員指定も可
(出所:互聯網熱点 (ID:web-news) から)

第6章
中国ビジネスのあり方

　日本国内ですと、ビジネスをする前に、相手の信用度とか、会社の立地場所とかをまず調査をするでしょう。当然、日本国内ですから、判断がしやすいのです。一方、中国とビジネスをすることになると、相手の成長環境、ビジネス環境、会社の立地場所等々、日本と異なり、考え方も異なるので、相手とコミュニケーションを図ることが第一です。これはつまり、異文化へのアプローチ、異文化への理解ということです。異文化への理解は相手の人生観、価値観、そして行動様式を知ることです。日本人の性格が一人ひとり異なるように、中国人も一人ひとりで違うのです。その人を中国人として見るのではなく、たとえば一人の李さん、一人の張さんとして見ないと、本当の意味での異文化理解はできません。また、中国は広く、北から南まで気候も、習慣も、生活様式も違うので、一人の北京人、一人の広州人として一対一のコミュニケーションを通して相手を知るようになり、ビジネス相手になれるかを判断するのです。

1. コミュニケーションのあり方

　コミュニケーションは、一般的にいうと、人間と人間の間で感情、思考、知覚、情報などを伝達することです。意思疎通、相互理解、心や気持ちの通い合いができるまで相当の努力が必要となります。
　ビジネスコミュニケーションにしても、コミュニケーションの本質は変わ

りません。日本国内では、単刀直入にビジネスの話題に入ってもいいかもしれませんが、中国では、ビジネスの目的でも相手とコミュニケーションを図り、相手との信頼関係作りは必要です。これが後にビジネスの成功の決め手となります。時間をかけて、心を込めるのです。たとえビジネスが成立しなくても、相手との友人関係ができてしまいます。この友人関係を保てば、今後ビジネスにつながる可能性があります。こんな友人関係があればあるほど、ビジネスがやりやすくなります。これは中国語で言うと、「多一个朋友多一条路」のことで、すなわち、一人の友達が増えれば、一つの道も増えてくる、という意味です。逆に、「少一个朋友多一道墙」（一人の友達を失えば、一つの壁が増えていく）とも言えます。

　これは日本語でいうと、「つながり」になります。実際に、日本の会社は取引先との間ではこの「つながり」も大事です。「長い付き合い」は信頼関係のあることを意味しています。また、企業と企業の間に「系列関係」があると、ビジネス関係の安定さそのものを指しています。これはあくまで企業と企業との間の関係です。日本の社会では、この企業同士の関係はとても大事で、大手企業同士ほど、その関係が固く、力になります。大手企業から引退して5年経っても10年経っても永遠に「○○大手会社の元社員の○○です」と自己紹介する人がたくさんいます。これは日本でビジネスをするやり方です。逆に、日本では、自分ひとりでは、社会で事業を展開しようとしても、相手にされない場合が多いのではありませんか。つまり、「つながり」がなければ、何もできないのです。

　しかし、中国では、あくまで一人と一人のつながりで、個人と個人の関係は日本企業間の「系列関係」や「長い付き合い」のようなもので、相手は個人経営であろうと、大手企業のサラリーマンであろうと関係なく、「つながり」ができている限り、末永く付き合うのです。ビジネスがあれば、一緒にし、いいパートナーになります。

　また、中国人と一対一の関係を築こうとするとき、相手は北京の出身、上海の出身、それとも広東省の出身なのかをまず聞いて、それから年齢、学

歴、仕事などは付き合いを深めながらうまく聞き出すことが重要です。これはビジネスパートナーになれるかどうかを判断する材料になるので、相手と食事をしたり酒を飲んだりして、普段日本でもよくある招待とかご馳走とかをすると、相手は心を開いて、「朋友」（いい友だち）になってくれます。また日本では、取引相手の会社を見に行くのと同じように、その「朋友」の家まで行って、どんな家に住んでいるか、どんな家電用品を使っているか、どんな本を読んでいるか、どんな生活を送っているかを自分の目で観察して、細かい会話のなかでその「朋友」がビジネスパートナーになれるかどうかを判断します。

　これは時間をかけて最初のコミュニケーションからスタートし、「朋友」ができて、ビジネスパートナー関係が成立するまでのプロセスです。当然、ビジネスパートナー関係ができるまで、自分も腹を割って話しをする必要があります。そこで「以心伝心」が働きます。

2. 中国ビジネス文化の特徴

　中国語では「関係」（guānxī）という言葉があります。日本語にも同様の漢字「関係」を使っています。親関係、友人関係、仲間関係、社会関係など、中立、またはいい意味で使われている関係とネガティブな意味で用いられる関係があります。金銭関係、愛人関係などです。つまり、この関係は、生まれつきの関係と後でできた関係に分けることができます。人類が誕生したと同時に、この関係が存在し始めたのです。その歴史は人類のルーツまでたどることができます。

　この関係にルールを定めたのは儒教です。儒教の教えは日本でも守られています。人々の行動の規範となり、社会の調和と安定をもたらしています。

　関係（guānxī）は社会機能の役割まで働いています。人々はこの関係の下で暮らしていて、関係のネットワーク（関係網）の中に織り込まれています。

人々は助け合い、友達の友達は友達だから、ビジネス関係まで拡大・活用していくと、重要な社会関係資本となります。友人を見つけることができ、その友人があなたをサポートすることができれば、そこから、ビジネスを始めていくことが考えられます。

　この関係（guānxī）をビジネス関係に用いると、ビジネス「関係網」（ビジネス関係の人脈ネットワーク）の構築が考えられ、ビジネスの展開に欠かすことのできないものとなります。これは中国ビジネス文化の特徴です。日本語に訳すと、「つながり」にあたります。

　ビジネス「関係網」（ビジネス関係の人脈ネットワーク）が大きければ、いろいろな関係がつながってきて、いろいろな資源を開放してくれます。そうすると、いろいろな企業との関係づくり、政府との関係づくりなども、それでできてしまうのです。日本では、護送船団方式の発展は政府と企業間の関係を指しています。「系列関係」は大手企業と下請け企業の間の関係、そして「長い付き合い」は企業と企業との間の関係を指しています。しかし、中国では、これはあくまで個人と個人、個人と企業のだれか、個人と政府部門の誰かに限られています。日本と決定的な違いはここです。

　中国に進出している日本企業は中国政府（現地当局の政府部門）、企業、従業員、消費者（国内）との関係づくり、トラブル解決に悩まされているケースが多いのですが、要は関係（guānxī）に原因があるからです。ずばりいうと、現地化経営が不十分だということです。

　情報化時代に入ると、消費者との関係づくりがもっと重要になっていきます。日中関係がぎくしゃくしたとしても中国人は日本製品が好きだということには変わりがありません。質がいいだけではなく、コスパがいいからです。越境ECを通して日本製品を購入する趨勢が拡大していく中でいかに正確な情報を獲得し、それを消費者の嗜好に合うように製品化し、いち早く売り出すかは、日本の企業や個人ビジネスマンの考えることになります。こんなとき、ビジネス「関係網」が発達しているほど、情報が入りやすくなります。

したがって、中国市場を開拓しようとする日本企業・個人は日本社会のシステム、日本企業の組織構造、その歴史を熟知した上で、企業対企業の「関係」(guānxī) づくりを中国の個人対個人「関係」(guānxī) づくりに用いて、「以心伝心」の気持ちを以て臨むと、相手のことを察し、お互いの気持ちを悟り合うことができます。信頼関係が構築されると、市場開拓の道筋ができます

3. 中国ビジネス成功のために

「関係」(guānxī) づくりを解決するのは「信頼」関係づくりが大切です。関係の前に信頼という言葉をつけて、関係の範囲を限定するのです。

ビジネス経営活動が成立すると、契約を結ぶのです。しかし、契約の成立から履行まではとても重要な時期がやってきます。ビジネス活動というのは利益を生む活動ですから、ビジネス契約を結ぶと、付加価値の創造ができたといっても過言ではありません。しかし、付加価値が創出されると、最後の果実を手に入れるまで、契約の履行が欠かせません。重大な契約になればなるほど、信頼のできる相手と結ぶことを考えてしまいます。そこで国際貿易に商業信用状 (Letter of Credit, L/C) が登場した理由の原因にもなります。また、伊藤忠、CITIC と CP グループ間の資本関係の結びからでも答えが見えています。

契約を結んだことは双方の利害と利益が合致したことを意味します。信頼関係を構築する基礎です。契約の履行に至るまでは双方間の協力が欠かせません。信頼関係ができているほど履行率が高いのです。しかし、契約不履行のことは中国に進出している日本企業からよく聞きました。この場合、日本や欧米のような先進国では、言うまでもなく法律を武器にします。

しかし、中国では、法律があっても執行するのは人間ですから、恣意性があります。一番多いのは売掛金を契約した通りに払ってくれないことです。筆者の会社もよく経験しました。3種類あります。①売先も資金繰りが厳し

いケース。②支払いを遅らせて、流動資金をプールするケース。③故意に支払わないケース。

①の場合では、売掛金を催促したところ、「うちも売掛金がまだなので、まだ支払い余裕がないのです」という返事が普通です。②の場合は複数他社の流動資金を無利息で流用するだけです。①と②はいずれは回収できますが、時間が長くなると、流動資金不足の困難に陥ります。③の場合はその金額をみて、法律に訴訟する価値があるかないかを判断します。

対処方法は前の支払いが済まないうちは、次の発注を受け付けない、ということしかありません。

幸いなことに、時は21世紀の情報化時代に入りました。モバイル決済があって、中国国内でも支払い・受け取りで対処できるようになっています。

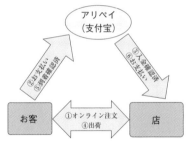

図6-1　アリペイの仕組み

アリペイが速さと便利さをもたらしてくれたのと同時に、中国国内ではもっとも厄介な商品代金の回収難問題を解決してくれたのです。アリペイ（プラットフォーム）は決済代金のプールとなって信頼関係のまったくない買手と売手の間に立って信用を双方に貸すことによって、安全性の問題も同時に解決してくれました。つまり、信用状とその後ろにある銀行の役割をアリペイ一つで担当しているのです。

第7章
日本企業の中国進出

　日本企業の対中国進出は松下電器が先駆けで、1987年に戦後の中国合弁第一号として北京松下顕像管有限公司を北京国有企業北京電子管廠、北京顕像管廠、中国電子進出出口公司北京分公司、中国工商銀行北京信託投資公司と松下電器産業（25％）、松下電子工業（25％）の間で設立したのが幕開けでした。その後、日本企業の対中進出は日本企業の投資ブームで確認できます。

　時代からみれば、20世紀の後半は電子工学の時代と情報化時代の交代の時期にありました。中国の改革開放はちょうどその時期から始まりました。電子工学技術に強い日本企業は技術の優位をもって対中国進出が始まり、たちまち中国市場の大半を攻略しました。日本企業のテレビ、冷蔵庫、洗濯機などの電化製品は中国人の憧れでした。しかし、情報化時代に入ると、状況はだんだん変わりました。中国本土の企業が成長してきました。いつの間にかこれら日本製品が中国製に代わってきました。

1. 中国で成功した日本企業

　中国でビジネスを成功させた日本企業はたくさんあります。インターネットで検索したところ中国経済経営学会2016年全国大会（http://www.recordchina.co.jp/b154410-s136-c20.html）で紹介された2社の事例がありました。いずれも中小企業で、その成功の秘訣を取り上げて皆さんと共有し

ます。

　2016年11月5日、東京都港区三田の慶応大学で開催された中国経済経営学会2016年全国大会・一般財団法人霞山会協賛セッション「日系企業の中国展開～激変する市場環境への対応と現場からの展望」で、逆境下でも、成功している日系企業の「秘訣」が明かされました。

　冒頭で「中国経済は『世界の工場』として世界経済の拡大を牽引し、リーマンショック直後には世界経済の落ち込みを巨額の景気対策で下支えしました。その後中国経済は「新常態」の掛け声の下、景気対策の後遺症への対応と内需主導型成長方式への転換に苦心している」「この間、中国市場に対する期待は依然強く欧米や韓国企業は対中投資を拡大しているが、日本からの対中新規直接投資が落ち込み、一部では事業から撤退する企業も出ている。一方で、中国における激しい経営環境の変化に対応して長く事業を継続してきた日系企業が多く存在することも事実だ」と説明し、「このセッションは、中国経済の変化をくぐり抜け、日系企業の中国拠点の経営現場を率いて来た現地経営者から、経営環境の変化への対応ノウハウを聴取し、中国経済の今後と日系企業の中国ビジネスの可能性を展望する」窓口となりました。

（1）相手の特性つかみ、隙間狙う
〈講演（1）越智博通・北京陸通印刷有限公司董事長〉

　30年前に1人、北京でラベル印刷を始め、数々の挫折を繰り返した後発展し、天津、上海にも工場を持つようになった。中国は1978年の改革開放以来、「優遇政策」を旗印に、世界各国から技術導入した。今中国が求めているのはハイテク技術で、これ以外の優遇政策はなくなった。中国人の気質は①遵法意識が希薄で、騙される方が悪いとの考え方を持つ②拝金主義で利にさとい③自己中心的で非を認めない — といった、日本人とは違う傾向がある。相手の特性を踏まえて商売すれば、道は開ける。中国はほとんどなんでも作れるようになった。日本企業が生きる道は、「産業の隙間（スキマ）狙い」と「顧客を満足させる高品質商品の供給」ではないか。

これと似たような会社は実に少なくありません。筆者が2001年ごろ江蘇省蘇州工業団地にコンサルタント会社を経営したときのことです。東京から蘇州工業団地に進出する個人印刷会社の社長に出会いました。後にビジネス関係まで発展しました。会社の弁護士も筆者（当時は社長）が紹介しました。シールを印刷する会社で、蘇州では順風満帆で事業を展開し大きくなっていて、ベトナムまで工場の設置に至りました。

（2）徹底的な現地化を！
　　〈講演（2）中山国慶・大宇宙信息創造（中国）有限公司董事長〉
「経営不振にあえぐ中国拠点のオフショア・アウトソーシング事業を十数年前に立て直し、近年では人件費上昇、為替変動に対応した拠点配置、新規事業展開を中国国内で成功させ、従業員約1,200人の業界有数の企業に発展させた」。

「簡単にできるビジネスは簡単に真似される。他の追随を許さず顧客が評価してくれることが最大の営業となる。人に頼って、支援を待っているだけならいつまでも変わらない」。

「中国での20年間の事業経験を生かし、巨大な中国国内市場を積極的に取り込んでいる。ソフトウェア製造工場から顧客事業拡大に貢献するソリューションサービスへのシフトを推進。特に拡大する富裕層をターゲットにしたEC（電子商取引）事業を展開する」。

「常に変化する中国には様々なチャンスがある。競争も激しく、リスクがあることを前提に物事を考える。中国事業成功のポイントは、①徹底的な現地化をはかり、重要なポジションには現地人を充てる、②実行力があるマネジメント、③柔軟性のある事業計画—の3点だ。13億人の市場は大きな可能性があり、夢があるが、足元が一番大事である」。

以上は、「大宇宙信息創造（中国）有限公司董事長」の見方とそれに対応した行動（経営戦略）です。

筆者のコンサルタント社は蘇州工業団地科技園（一期）にあり、そのまわ

りにはソフト開発会社などがたくさんありました。中には日本のアニメ制作のアウトソーシングを受ける会社が何社もありました。

　上記2社の日本会社が中国に進出している実例、そして、筆者が2000年からおよそ10年間にわたってコンサルタント会社と生産会社を経営しワン・ストップ・サービスを提供した日本企業の例とを合わせてみると、次節で述べる「中国経済経営学会2016年全国大会」の締めくくりと同じ感想となりました。

（3）日本企業の経営戦略の見直し

　セッションの締めくくりで、座長総括の服部健治・中央大学教授が「中国が『世界の工場』のときはコストダウンが必須だったが、『世界の消費市場』や『東南アジアへのサプライチェーン展開』を狙うようになった今、売り上げ拡大やコストダウンをめざすよりも利益をいかに上げるかが重要だ」と指摘しながら、「『いいものつくれば売れる』時代から『今売れるものがいいもの』に転換」し、「日本企業は経営戦略を見直すべきだ」といいます。

　しかし、これだけではなく、「今売れるものがいいもの」よりもっと先を考えなければなりません。それに伴う素早い行動が必要とされます。

2. これからの中国ビジネス

　中国に進出している企業にとって、債権回収や人材マネジメントの難しさに加え、反日デモや賃金上昇など、中国ビジネスのリスク因子は存在していることは明らかです。しかし、今後10年間でもっとも成長する巨大市場を、みすみす見逃してよいのでしょうか？

　本節では中国ビジネスを展開する際、同じ業界でほぼ同じ時期、同じビジネスを展開する異なる2社のケースを紹介し、中国ビジネスの在り方、中国ビジネスのとらえ方、チャイナリスクへの対応の仕方、そしてこれからの中

国ビジネスの考え方まで参考になれば幸いです。

（1） 孫正義と馬雲の「邂逅」

　ソフトバンクの孫正義氏とアリババの馬雲氏の「邂逅」は世界経済投資・経営史上にもっとも成功した一例といっても過言ではありません。

　2000年に孫氏が中国に行き、インターネットの若い会社20社ほどと10分ずつ会いました。その中に出資を即断即決した会社がありました。「それがアリババで馬雲（CEO）の話を最初の5分間だけ聞いて、残りの時間は私のほうから出資させてほしいと。彼は、『1億か2億なら』と。僕は『20億円受け取ってほしい』と。『お金は邪魔にならないだろ』という押し問答を繰り返して出資に至った」（2014年5月のソフトバンクの決算説明会）という経緯でした。

　ソフトバンクはアリババへの投資総額は105億円、32.2%のアリババ株を持つようになりました。17年を経過した今、ソフトバンクが保有するアリババ株式の現在時価は600億ドル（約6.5兆円）以上と見積もられています。

　2014年9月にアリババがアメリカニューヨーク証券取引所に上場し、上場後の時価は2,300億ドル（約25兆円規模）に達して、史上最大のIPO（新規株式公開）となりました。

　2016年夏ごろ、ソフトバンクはアリババ株の4%を手放して約79億ドル（約8,000億円）を手にしました。出資比率は28%に低下しました。ちょうど同時期に、2013年7月に約1兆8,000億円で買収した米携帯電話事業第3位のスプリントが連続赤字で、同社への支援が目的だったと推測されています。

（2） 楽天・百度の合弁解消の事例

　2010年1月27日、楽天は中国のポータル大手企業である百度（バイドゥ）との間で、合弁会社を設立することについて合意したと発表しました。中国においてインターネットショッピングモール「楽酷天」（rakutenと同じ発音）を展開します。

百度は中国国内の中国語検索サービスでトップシェアを持つ企業。百度の持つ集客力やマーケティング力と、楽天のECプラットフォーム技術やショッピングモールの運営ノウハウを組み合わせ、中国国内最大規模のインターネットショッピングモールを目指すといいます。将来的には日本の楽天市場と連携し、日本の出店者が中国に商品を販売できるようにしたいとのことです。

　合弁会社への出資総額は当初3年間で総額約43億円。出資比率は楽天51％、百度49％の予定です。代表者は楽天から派遣されます。

　しかし、2012年4月20日の「日本経済新聞」の記事によれば、「楽天は20日、中国のインターネット検索最大手、百度（バイドゥ）との合弁企業を通じて運営していた中国本土の仮想商店街（インターネットショッピングモール「楽酷天」のこと）を5月末に閉鎖すると発表した。中国では後発で知名度を上げられなかった。楽天は仮想商店街事業でグローバル化を進め、9カ国・地域に参入済みだが、海外の進出先でサービスを停止するのは初めて。百度との提携も解消する方向とみられる」とのこと。

　たった2年で両社の合弁が解消されることはあまりにも速すぎました。開始から1年半で投資した額は約8億6,000万円。楽酷天の江尻裕一CEOは撤退の原因として「中国のEコマース市場の競争環境の激化を背景に、当該サービスの業容は計画を下回る形で推移した。現状では業況を抜本的に改善させることが困難と判断し、今回の決定に至った」としました。

　実際は、両者間の経営方針に溝がありました。「お金を燃やしながらシェア獲得合戦を繰り広げているのが今の中国のEC市場」と語るのも楽酷天の江尻裕一・董事長兼CEOです。マーケティング費用、採算度外視のシェア拡大を目指して知名度を上げようとした百度側は無視されました。せっかく中国インターネット界で最大のアクセス数を誇る会社との合弁でしたが、百度の集客力が無視されてしまいました。

　その当時、アリババも京東商城も赤字覚悟でシェア拡大に苦戦していました。アリババは天猫商城（T-Mall）で「双11」（「独身者の日」）の創出に

よって年々規模拡大ができ、売上高約20兆円、シェア約63％まで持つ中国No.1のインターネット・ショップである天猫商城となりました。一方、京東商城は売上高が約6.6兆円、シェアにしては21％、No.2にランクインされたインターネット・ショップとなりました。楽天はもっか、京東商城のプラットフォームに出店しています。

> **Rakuten**
>
> 企業情報　　Rakuten Innovation　　ニュース　　投資家情報　　CSR
>
> 2015年12月16日　　　　　　　　　　　　　　　　　　　　　楽天株式会社
>
> ## 楽天、「JD Worldwide」に旗艦店を出店
>
> 楽天株式会社（本社：東京都世田谷区、代表取締役会長兼社長：三木谷 浩史、以下「楽天」）と中国EC大手「京東（JD.COM）」（本社：中国、北京、CEO：Richard Liu、以下「JD」）は、JDが提供するクロスボーダーECサイト「JD Worldwide」に楽天市場の旗艦店を出店することに合意しましたのでお知らせします。
>
> 楽天は、本日より、JD Worldwideにベータ版店舗として出店し、楽天市場の高品質な日本の商品を中国の消費者へ販売します。取扱商品は、化粧品、お菓子や健康食品を中心に、今後順次拡大していく予定です。
>
> 楽天株式会社、常務執行役員の高橋理人は、次のように述べています。
> 「JD.comとの今回の新しい協業により、楽天市場が誇る大小様々な店舗から高品質かつ人気の商品を中国の消費者へとお届けすることができます。これにより、更なるクロスボーダーECの発展を確信しています。楽天は今後も中国市場に、より魅力的な商品を提供できるよう注力します。」

注：JDはJingDong（京東）の頭文字。
（「楽天」のHP：https://corp.rakuten.co.jp/news/press/2015/1216_01.html より取得）

3. 中国ビジネスのリスクとチャンス

ビジネスには常にリスクとチャンスが伴っています。漢字で書くと、「危機」です。「危」と「機」をバラしてそれぞれに1文字を書き添うと「危険」と「機会」になり、理解が全然違ってきます。危険はリスクのことです。リ

スクだけのビジネスはまずビジネスといいません。逆にビジネスには全部チャンスだということもあり得ません。要はリスクとチャンスのとらえ方です。すなわち、危機への認識と対応です。

日本企業からみれば、中国ビジネスはまず難しい。その難しさは人間関係観、交渉方法、権利意識、公私の感覚等に関する考え方が両極にあること、その裏には日中の国民性や文化の違いがある、ということです。

そこで、中国におけるビジネスや経営リスクは、日本のシンクタンクによれば、①外部経営環境上のリスク（例えば、反日感情等）②意思決定と情報リスク（財務データの不正、会計士の不正による情報操作に基づく意思決定リスク）、③業務執行上のリスク（従業員の資質、債務不履行、商業賄賂等）、の3種類があります。

対処措置・方法などは、経営現地化の促進が有効な手立てであると日本のシンクタンクも中国で成功した日本企業も説いています。経営現地化は日本企業の急務だが、その取組みは不十分だとしばしば指摘されています。

筆者も同感です。蘇州工業団地にある湖東CBD（Central Business District）のプロジェクト開発（日本人レストラン・ホテルマンション建設・テナント募集）に筆者のコンサルタント会社が参入しました。日本企業との協力・コーディネート、委託された市場調査にあたりました。日本企業はリスク意識がとても強くて、何もかも日本の基準と見比べる傾向がありました。そうすると、危機の「危」ばかりみていて「機」を手放してしまいました。

中国ビジネスと経営について日本人駐在員が次のようにコメントしています。「中国人は走りながら問題の解決法を考えるが、日本人は立ち止まって考える」「…サラリーマン社長ですから、（中国）経営については東京本社の意見を聞くのは当然です」、ということです。

ここで上記のチャイナリスクを3つの視点からアプローチをしてみます。
① チャイナリスクの偶然性と必然性のとらえ方
② 本社と中国現地子会社の間の中国経営に関する基本戦略
③ 基本戦略から引きずられた現地化経営の問題

領土問題に関する日中対立から引き起こされた反日行動、日本製品不買運動は偶発的リスクと見ればよい。すなわち、①に取り上げられた外部経営環境上のリスクは偶発的で、いかに対応すればよいか、企業それぞれになりますが、イトーヨーカドー中国は解決案を出してくれています[27]。
　チャイナリスクの必然性は上記経営リスクの②と③に指摘されたところです。全世界のどこの国でも発生し得ることで、リスクといってもリスクですが、中国では多く発生しているのは事実です。法的整備や経済発展の段階では先進国との差があるのも事実です。しかし、東芝や神戸製鋼などの日本を代表する企業でも経営リスクを起こしているのですから、中国進出する際、これらのリスクは想定内だと認識する必要があります。あらかじめ対応措置や対応策を講じるべきです。これはまた企業の基本戦略に関係してきます。
　中国に進出している日本企業の基本戦略は、生産基地＋市場というのが主流となっています。中国を生産基地として活用した時期では、日本企業が上手くいった場合が多くありました。これはつまり、日本企業には既存の売り先があるから、中国国内の生産と管理をしっかりすれば、うまくいく、ということです。しかし、中国市場を新たに開発する場合、苦労するところが多くなります。しかも力がついてきた中国の企業と中国現地で直面するので、競争が以前より激しくなるのも当然のことです。さらに、中国企業の台頭につれて、中国市場だけではなく、海外の既存市場さえ中国企業に浸食され圧縮されています。
　一方、企業の競争優位は何なのかというと、ブランド力です。このブランド力の背後にあるのは技術優位です。しかし、技術優位があっても、マーケティング力がなければ、結局、競争で負けてしまうのです。中国市場で鴻海の成長とシャープの凋落とは鮮明な対照となっています。ところが、鴻海とシャープが一体化した１年後、シャープが経営黒字に転じました。市場に占めるシェア、獲得能力が決め手となっています。技術優位とマーケティング力、それに企業の経営統合能力が新時代の新企業戦略になります。

経営統合能力には発想力（アイディアも含む）、マーケットを分析する力（ビッグデータなど）、それぞれのマーケットに取り組む際それぞれのマーケティング・システムの導入と活用、いわば現地化経営への対応、といった要素が含まれています。

　経営統合能力、その中の現地化経営戦略は活用できるかどうかが、中国進出する日本企業の本社に問われています。

　21世紀は企業だけの時代ではなく、個人の時代でもあります。中国のシェアリングエコノミーの勃発に現れた自転車シェアリングにおけるofo社の創設者は大学生です。創業の武器はアイディアです。「シェアリングエコノミー＋ハードウェア」という発想の下で、シェアリング自転車を北京大学の広いキャンパスに導入しました。これはちょうど「最後の1キロの問題」の取り組みにはまったので、たちまち大物投資家が集まってきました。

　しかし、シェアリング自転車の市場では、70社前後が参入しました。いまのところ、成功したのは数社だけです。いまの成功はこれからの成功とは限らず、成功と失敗はつねに交替するからです。要は成功の要因と失敗の要因を詳しく分析し、それをこれからの展開・再起に資することです。失敗した会社の例ばかりこだわって、失敗の原因を外部環境の所為にすることは自分の経営責任を軽くするだけです。だいたいの場合は経営戦略や会社の内部管理に不備があったことは主因で、外部環境はマイナーの部分です。外部環境がメインになると、辛抱強く対応していき、それを乗り越えたらチャンスが訪れます。イトーヨーカドー中国は最も説得力のある例を提供してきています。

注

1) 「新常態」はニューノーマルを意味としています。2014年5月に習近平総書記が河南省を視察した際に用いた言葉でした。「我が国は依然として重要な戦略的チャンス期にあり、自信を持ち、現在の経済発展段階の特徴を生かし、新常態に適応し、戦略的平常心を保つ必要がある」と語りました。その後中国経済を議論する際の重要な概念として広く使われるようになりました。
2) 「4つの現代化」は、工業、農業、国防、科学技術の4つの分野で近代化を達成することを指します。
3) 「五ヶ年計画」は1928年から1932年の間、ソ連のスターリンの指導で実施された、重工業化と農村集団化を柱とした、社会主義国家建設計画でした。ソ連政府が中期的な重点事業や経済運営のあり方を5年ごとに定める計画のことでした。中国に第一次「五ヶ年計画」は53～57年に実施され、その後は延期や中断もありました。制度として定着したのは81～85年の第6次計画からです。計画づくりは国家発展改革委員会を中心に2年ほど検討します。開始前年の秋に、共産党の中央委員会総会が「政府への提案」の形で基本方針を確認。1年目の3月に開く全国人民代表大会で政府提案を採択します。
4) 「4つの現代化」に向け、鄧小平の主導で始まった国内改革および対外開放政策を指すこと。1978年12月の中国共産党第11期中央委員会第3回全体会議で毛沢東時代からの路線の歴史的転換が決定的となりました。従来の計画経済と一線を画して市場原理を大胆に採り入れていくようになります。人民公社を解体して個別農家に自主的権限を与える生産請負制とし、国有企業を守りながらも個人経営を認め、広東省の深センなどに経済特区を作って積極的に外資導入を図りました。鄧小平の「白猫黒猫論」(白猫でも黒猫でも、鼠を捕る猫が良い猫)と「先富論」(富める条件の地域から先に富むべし)が実践されていました。
5) 外資系企業とは、ある国で活動する外国の企業の略称です。1978年末改革開放政策が打ち出されてから中国に進出する外国資本で投資した企業を指します。中国語では「外資企業」と言います。
6) 「計画経済」はソ連がつくり出したものです。政府が国の経済動態を的確に把握し、需給を調整することによって経済を発展する一つの経済システム。事前に経済発展に関する五ヶ年計画を制定し、それに従って生産、流通、配分を行う仕組みです。しかし、スーパー・コンピュータもビッグ・データもない時代ではこのような計画経済システムが内在的な欠陥が暴露しました。
7) 「国営企業」は、経営権、所有権がともに国にあります。国営企業には中央政府に直属

されている企業もあれば、地方政府に所属されている企業もあります。

　国営企業は各級政府の指令に従って分配されてきた資材、資金、生産設備、人員の範囲内で、与えられた生産ノルマを達成すればよい。生産された製品は、国家の販売計画に従い商業機構に引き取られます。企業が赤字でも問題になりません。

　こうした生産・経営システムのもとで、国営企業は政府の下部所属機構にすぎず、両者は「管理」と「被管理」の関係にあります。

8）　経済特区とは、経済発展のために法的、行政的に特別な地位を与えられている地域を指します。中国だけではなく、インド・韓国・シンガポール・フィリピン・カンボジア・ラオスなどにおいても経済特区や保税区が設置されています。

9）　郷鎮企業は1980年代の初めごろ中国沿海地域、とくに揚子江南の農村地域から自発的に発展してきた企業の総称です。農業経営請負制を導入したことにより生じた多くの余剰労働力を吸収しました。農業、工業、交通・運輸業、建築業など多方面にわたり、商品経済の発展を促しました。

10）　二元経済は1949年以後共産党政権が樹立してから実行されている基本的な経済発展路線です。工業化を図る都市経済と伝統的な農村経済を併存させる経済構造です。価格格差を通じて、政府は農業部門から低い価格で工業生産に必要な原材料を買い付けて、都市部の国営企業に供給し経済を発展させるのです。この二元経済構造を支えているのは農業戸籍と非農業戸籍（都市戸籍）という二元社会制度（身分制度）です。世界第二の経済大国になった現在、この身分制度の改革は強く求められています。

11）　「放権譲利」は国営企業の改革の第一歩です。企業に権限を委譲し利益を分けること。「放権譲利」により、経営責任制が確立され、高度集権の官僚体制による経済への介入が減少し、生産者・経営者の営利のインセンティブの向上を目指すことです。

12）　イギリスの経済学者、アーサー・ルイスによって提唱された概念。開発経済学において用いられます。「工業化前の社会においては農業部門が余剰労働力を抱えている。工業化が始まると、低付加価値産業の農業部門から都市部の高付加価値産業の工業部門やサービス部門へ余剰労働力の移転が起こり、高成長が達成される。工業化のプロセスが順調に進展した場合、農業部門の余剰労働力は底をつき、工業部門により農業部門から雇用が奪われる状態となる。この底を突いた時点がルイスの転換点である。日本においては1960年代後半頃にこの転換点に達したと言われる」（ヤフーwikipediaによる解釈）。

13）　中所得国の罠（middle income trap）は2007年の世界銀行の報告書である「東アジアのルネサンス」に提起したテーマです。要約すれば、「東アジア諸国の多くは、低所得国の段階をすでに終え、中所得段階に達している。しかし、これまでの経済構造がさらに高度化してゆかないと、かつての中南米諸国や中東地域がそうであったように、一人当たり所得が停滞を余儀なくされる可能性がある」ということです。これがのちにしばしば話題になり、とくに中国が中所得段階に達しているいま、議論が活発になっています。

14) 王玉の博士号を請求する論文「中国国有企業改革の新段階 — 巨大国有企業の国際事業展開」(1998 年 3 月)(金沢大学中央図書館)から引用します。
15) 王玉の博士号を請求する論文 pp.131-136
16) 「南巡講話」とは、鄧小平が 1992 年 1 月から 2 月にかけて武漢、深圳、珠海、上海などを視察し、重要な声明を発表した一連の言動。
17) 中国人民銀行の「人民幣国際化報告(2017 年)」データ
18) 同上
19) 「点心債」は、Dim Sum Bond とも呼ばれ、中国本土以外、主に香港で発行・流通するオフショアの人民元建て債券のことをいいます。香港における人民元建て債券の発行は、2007 年から実験的に始まりました。
20) この産業政策に関する論争は政府メディアでも民間ネット大手でも大いに報道しています。日本でも詳しく紹介されています。https://www.rieti.go.jp/users/china-tr/jp/170531gakusya.html など。
21) https://www.weblio.jp/content/%E3%83%9A%E3%83%86%E3%82%A3%E3%83%BC%E3%82%AF%E3%83%A9%E3%83%BC%E3%82%AF%E3%81%AE%E6%B395%E5%89%87 から引用
22) https://www.mckinsey.com/industries/high-tech/our-insights/internet-matters から取得
23) https://cloud.watch.impress.co.jp/docs/news/1089392.html の記事から引用
24) 25) 同上
26) イオングループ中国 http://www.aeonchina.com.cn/ が公表している数字。
27) フィスカー・オートモーティブは高級プラグイン・ハイブリッドカー「カルマ」を製造する米の自動車メーカー。2007 年に高級車の設計を行うフィスカー・コーチビルドとハイブリッド車の技術を持つクアンタム・テクノロジーズが共同で設立した。カルマはリチウムイオン・バッテリーの電気だけで約 80km の走行が可能で、電力の残量が少なくなると、発電専用エンジンを稼働させ、バッテリーに充電する。

　■公式サイト：http://www.fiskerautomotive.com/

28) イトー・ヨーカドー(https://www.itoyokado.co.jp/company/iycsr/china.html) の中国での取り組みに参照

参考文献

1. 「通商白書」各年版
2. 「中国統計年鑑」各年版
3. 矢吹晋（2010）『一目でわかる中国経済地図』、蒼蒼社
4. 丸川知雄（2013）「現代中国経済」、有斐閣アルマ
5. 野村総合研究所此本臣吾、松野豊、川島一郎（2016）『2020年の中国「新常態」がもたらす変化と事業機会』、東洋経済新報社
6. みずほ銀行産業調査部・みずほ銀行（2017）『これから5年をこう攻める中国ビジネス戦略シナリオ』、日本経済新聞出版社
7. DBJ「IoTによる製造業の変革　ドイツで進むIndustries4.0の取り組み」2015年8月21日
8. 公益財団法人　日本生産性本部（2016）「労働生産性の国際比較2016年版」、https://www.jpc-net.jp/intl_comparison/intl_comparison_2016_press.pdf#search=%27%E6%97%A5%E6%9C%AC%E7%94%9F%E7%94%A3%E6%80%A7%E6%9C%AC%E9%83%A8%E3%80%8C%E5%8A%B4%E5%83%8D%E7%94%9F%E7%94%A3%E6%80%A7%E3%81%AE%E5%9B%BD%E9%9A%9B%E6%AF%94%E8%BC%832016%E5%B9%B4%E7%89%88%E3%80%8D%27より取得
9. 姉尾堅一郎（2009）『技術力で勝てる日本がなぜ事業で負けるのか』、ダイヤモンド社
10. 吴敬琏（1991）『中国改革三部曲』、中信出版集団
11. 吴敬琏、厉以宁、林毅夫、周其仁、李稻葵、刘世锦、夏斌、郑永年（2014）『新一轮改革的战略和路线图』、中信出版集団
12. 王玉（1998）『中国国有企業改革の新段階 — 巨大国有企業の国際事業展開』、金沢大学中央図書館

■ 著者紹介

王　玉（Wang Yu）

1960年、中国蘇州市に生まれる。2016年4月－2017年3月　大東文化大学外国語学部特任準教授。1982年7月上海外国語学院フランス語学部卒業後、中国人民保険会社に配属。5年間勤務して1987年10月に金沢大学経済学部に留学。同大学院経済学研究科にて経済学修士（1992年）、地域社会環境科学研究科にて経済学博士（1998年）取得。カナダに移住した1年後、中国蘇州工業園区科技園に留学生企業を設立、コンサルタント会社（外資系企業向け一括サービス提供、プロジェクト開発など）の社長を務めながら、研究開発を行い、特許2件取得。特許を生かして飼料関係の生産企業に投資（2005年）。循環型農業の実現に安全安心な飼料（成長促進ホルモン剤など投与なし）と肥料（土壌良化に）を開発、市場開拓。3.11大地震後に気仙沼と名取市で海水に浸かった農地の開発と再利用に「飼料用魚粉生産による被災地の自立支援・自立対策──被災地のマイナスをプラスに変換『食用』を目的としない魚類養殖のメリット」プロジェクトを企画。2011年4月より国立福井工業高等専門学校と金城大学短期大学部非常勤講師を務める。

中国経済とビジネスがわかる本

2018年5月30日　初版第1刷発行

■ 編 著 者 ──── 王　　玉
■ 発 行 者 ──── 佐藤　守
■ 発 行 所 ──── 株式会社 大学教育出版
　　　　　　　　〒700-0953　岡山市南区西市855-4
　　　　　　　　電話（086）244-1268　FAX（086）246-0294
■ 印刷製本 ──── サンコー印刷㈱

© Wang Yu 2018, Printed in Japan
検印省略　　落丁・乱丁本はお取り替えいたします。
本書のコピー・スキャン・デジタル化等の無断複製は著作権法上での例外を除き禁じられています。本書を代行業者等の第三者に依頼してスキャンやデジタル化することは、たとえ個人や家庭内での利用でも著作権法違反です。
ISBN978-4-86429-522-2